**Stadttheater
Solothurn**
Umbau des
ältesten
Theaters der
Schweiz

**Im Andenken an unseren
Vati, Schwiegervater und Freund
Konrad Schwaller**

Stadttheater Solothurn
Umbau des ältesten Theaters der Schweiz

Stämpfli Verlag

Inhalt

9	**Vom Raum, der Theater heisst**
12	**Theater verbindet**
15	**Von der Jesuitenschule zum neuen Stadttheater**
21	**Nahtlos eingepasst**
25	**Der Weg zum neuen Stadttheater**
31	**Vielhäuserhaus**
41	**Bühne der Zuschauer**
57	**Theatersaal**
75	**Hinter den Kulissen**
86	**Mehr WIR gibt es nicht**
90	Die Herausgeber und Architekten
91	Die Fotografen
92	Die Autoren
93	Die Sponsoren
94	Dank
95	Bildnachweis

Vorherige Seite: Theatersaal mit den barock-klassizistischen Brüstungsmalereien aus dem Jahr 1779 von Felix Josef Wirz, welche kurz vor Umbau im Rahmen von Sondierungen zufällig zum Vorschein kamen. Die Malereien blieben hinter einer Stoffverkleidung und aufgeklebten, bemalten Papierbahnen jahrhundertelang verborgen.

Nächste Seite: Blick vom Aareufer auf das Stadttheater inmitten der Altstadt von Solothurn.

Vom Raum, der Theater heisst

Peter Bichsel, Schriftsteller

Theater, das ist erst mal ein Raum, in dem man sitzt vor einem geschlossenen Vorhang, gespannt erwartend, dass er sich öffnet. Das Orchester im Graben stimmt dudelnd die Instrumente. Das war für mich immer so etwas wie die Ouvertüre für den Raum, nichts anderes an der Oper liebe ich mehr.

Meine Erinnerungen an Theatersäle sind oft heftiger und präziser als die Erinnerung an die gespielten Stücke, und wenn ich an meine Kinderzeit und an die frühe Jugendzeit denke, dann ist es meist nur der Theatersaal, der in meinem Gedächtnis festgeschrieben ist, und wenn ich überhaupt noch eine Erinnerung habe an ein Stück, dann ist sie nur noch ein grosses Farbfoto vorn im Bühnenrahmen, ein unbewegtes Bild, ein Teil des Raumes, der Theater heisst.

Selbstverständlich freue ich mich auf das neue Theater, bin gespannt darauf. So wie ich mich auch freue, dass das Theater in den letzten Jahren immer besser wurde, dass es ihm gelungen ist, das Publikum sanft an der Hand zu nehmen und in die Moderne zu führen. Ich hoffe, dass der erneuerte Raum diesen Weg fördern wird. Nur, ich bin alt, und ich werde das alte Theater vermissen, jenes leicht muffige, buffrote Theater, jene Schmierenbühne vor sechzig Jahren, dem Varieté oft näher als dem ernsthaften Theater. Nein, früher war nicht alles besser, überhaupt nicht, aber es war, und ich habe damals gelebt, in jenem Raum gelebt, und hie und da überkommt mich sogar die Sehnsucht nach schlechtem, hundsmiserablem Theater, nach einer elend gekrächzten Operette mit einem schäbigen Chörchen und einem Kaiser Franz Josef, den man aus den hiesigen Beizen kennt, und der jetzt, weil man ihn kennt, einen etwas verkleideten Eindruck macht, und eher an die Beizen unten beim Landhausquai erinnert als an das weisse Rössel am Wolfgangsee.

Theater fand damals, vor sechzig Jahren, nicht nur im Theater statt, sondern auch in den Kneipen. Man verehrte sie hier, die Schauspieler, die Herren und Damen des Ensembles, und war stolz darauf, richtige Schauspieler zu kennen. Sie verdienten wenig und vergnügten sich in den Beizen und liessen sich feiern – irgendwie immer ein Hauch von Zirkus –, und sie hatten hier in der Beiz ihre grossen Auftritte.

Das Theater selbst war durchaus professionell, aber doch meist recht bieder. Das grosse Theaterereignis war ein amerikanisches Rührstück – «Johnny Belinda» mit der jungen Monica Gubser in der Rolle eines taubstummen Mädchens, das von einem Bösewicht gequält wurde, der dann zum Schluss, von ihr erschossen, spektakulär die Treppe runterrollte. Paulus Versteeg, ein wirklich guter Schauspieler, spielte den Bösewicht, und er wurde dafür tagsüber von Leuten auf der Strasse angespuckt – Theater total.

Ich schrieb damals Theaterkritiken für die sozialdemokratische Tageszeitung «Das Volk». Eine Reihe vor mir sass die alte Frau Magiday, die Schwester des Direktors und Fundusverwalterin. Und wenn Desdemona flüsternd und lallend in ihrem Elend am Boden rumkroch und das Publikum kaum zu atmen wagte, drehte sich Frau Magiday zu mir und fragte laut mit ihrem jiddischen Akzent: «Gipsel, was hat sie gesagt?» oder «Gipsel, nehmen Sie auch ein Minzenpfeffer?»

Mag sein, dass auch das, dass ich mich an schlechtes Theater erinnere, nichts anderes ist als nostalgische Verklärung. Denn ich erinnere mich auch an hervorragende Aufführungen. Ich bin immer noch überzeugt, dass ich an jenem Theater die allerbeste Shakespeare-Inszenierung gesehen habe – «Wie es euch gefällt».

Und wenn mir schon Shakespeare einfällt: Wenn dann das Rösi, die Serviertochter vom «Türk», im Theater sass und an einer unpassenden Stelle schallend lachen musste, oder wenn vor einer Premiere der Inspizient vor den Vorhang trat und verkündete, dass die Vorstellung erst in einer halben Stunde beginne, weil Peter Baal und Paulus Versteeg immer noch an einem Saujasset im Bucheggberg seien und noch um den Siegespreis, eine hintere Hamme, jassen würden, und wenn die beiden dann bei ihrem Auftritt nach einer guten Stunde mit grossem Auftrittsapplaus begrüsst wurden, dann fühlte ich mich oft in jenes Theater versetzt, in dem der Herr Shakespeare in London im 16. Jahrhundert seine Stücke aufführte.

Es gibt keine Gründe, sich das alles zurückzuwünschen, und wäre es noch so, ich würde darüber schimpfen. Bestimmt aber hatte das Theater damals noch so etwas wie eine Öffentlichkeit. Dass es dies kaum mehr hat, ist nicht seine Schuld. Es gibt diese Öffentlichkeit nirgends mehr, sie ist wegrenoviert und privatisiert worden.

Ich wünsche dem Theater, dass für einmal die Renovation ein bisschen mehr Öffentlichkeit zur Folge hat.

Theater verbindet
Kurt Fluri, Stadtpräsident Solothurn

Das Ensemble Theater Orchester Biel Solothurn TOBS ist das kleinste Mehrspartentheater unseres Landes, gleichzeitig aber auch das einzige zweisprachige Theater der Schweiz. Bekanntlich ist es eine äusserst erfolgreiche Perle mit schweizweiter Ausstrahlung. Trotz seines viel zu engen Korsetts erbringt es mit viel Begeisterung und Idealismus aller Beteiligter seit Jahren grossartige schauspielerische und musikalische Leistungen. Umso wichtiger ist es, dass mit dem Um- und Ausbau des Stadttheaters in Solothurn die infrastrukturellen Rahmenbedingungen endlich verbessert werden können. Das neue Theatergebäude an der Aare wird sich aber auch in Anbetracht der jahrhundertealten Theatertradition in unserer Stadt als würdig erweisen.

Während nämlich das gemeinsame Theater Biel Solothurn, welches im Volksmund trotz verschiedener Namenswechsel einfach als Städtebundtheater bekannt ist, «erst» 1927 gegründet wurde, ist das solothurnische Theaterleben als solches noch viel älter. In der Festschrift «50 Jahre Städtebundtheater Biel Solothurn» wird auf ein Mysterienspiel über die heilige Katharina von Alexandrien bereits im Jahre 1453 hingewiesen.

In der zweiten Hälfte des 16. Jahrhunderts soll das solothurnische Theaterleben eine weitere Hochblüte erlebt haben, als Private und die Stiftsschule antike und biblische Stoffe verarbeiteten. Seit Mitte des 17. Jahrhunderts trat dann das Jesuitenkollegium alljährlich mit Theateraufführungen durch seine Zöglinge hervor, die offenbar ebenfalls grossen Zuspruch gefunden haben. Während anfangs die Theatervorführungen auf offenem Platz vor der St.-Ursen-Kathedrale dargeboten wurden, verlangten die Jesuiten für ihre Aufführungen einen geschlossenen Theatersaal. Das ursprünglich hiefür vorgesehene alte Kaufhaus musste allerdings dem Bau der Jesuitenkirche weichen. Deshalb wurde ein Seitenflügel dieser Kirche als Theatersaal eingerichtet. 1729 sodann wurde in der Grundkonzeption das heutige Stadttheater als Teil eines neuen Schulgebäudes erbaut. Das Fassungsvermögen dieses Theaters wurde mit etwa 1000 Personen angegeben, was natürlich nur Stehplätze zugelassen haben wird. Im obersten Stockwerk, über dem Theatersaal, haben sich bis ins Jahre 1880 die Schulräume des damaligen Gymnasiums befunden. Anlässlich der Güterausscheidung zwischen Bürger- und Einwohnergemeinde im Jahre 1803 ist das Stadttheater der Stadt zugefallen. Während Anfang des 19. Jahrhunderts die Liebhabertheatergesellschaft das Theater bespielte, setzten sich in den vierziger Jahren des 19. Jahrhunderts definitiv die Berufstruppen durch. Die weitere Geschichte verlief sehr wechselvoll, ab und zu erfolgreich, gelegentlich aber auch katastrophal.

1927 erfolgte dann die Gründung des Städtebundtheaters aufgrund einer Begegnung des damaligen Bieler Stadtpräsidenten Guido Müller mit dem ersten Bassisten des Berner Stadttheaters, Leo Delsen. Im Laufe der nunmehr 87-jährigen Geschichte dieser Konstruktion waren natürlich verschiedentlich personelle und finanzielle Krisen zu überwinden. So wurde beispielsweise im Jahre 1971 das Ensemble nach einem finanziellen Desaster und vielen personellen Wirren behördlich aufgelöst, um einen Neustart zu ermöglichen.

Das Theater Orchester Biel Solothurn erfüllt über seinen eigentlichen Stiftungszweck hinaus wesentliche politische Bedürfnisse unseres Landes. In einer Zeit, in welcher das Trennende oft mehr betont wird als das Verbindende, ist es dringend notwendig, eine Beziehung über die Sprachgrenze, über die Kantonsgrenze und auch über die Regionsgrenze hinaus zu pflegen. Das Theater Orchester Biel Solothurn mit seinen zahlreichen Abstecherorten in der Deutschschweiz und in der Romandie ist in diesem Sinne eine typisch schweizerische Institution. In unserem Land gibt es keine politisch wirksamen absoluten Mehrheiten der Kulturen, der Kantone, der Stadt- oder Landbevölkerung etc. Glücklicherweise sind wir dazu verurteilt, uns in der mühsamen, aber erfolgreichen Konkordanz zu üben. Damit diese auch in Zukunft spielen kann, müssen Institutionen wie das Theater Orchester Biel Solothurn weiterhin eine Chance haben, ihre ausgleichende Klammerfunktion, in welcher keine Seite eine dominante Rolle spielt, ausüben zu können. Und ebenso, wie es in unserem von unten nach oben aufgebauten Land im Gegensatz zur Wirtschaft auf der politischen Ebene kein dominantes Zentrum gibt und auch inskünftig keines geben soll, so ist auch die Kultur in unserem Land geographisch breit abgestützt. Es gibt keine kulturelle Provinz in unserem Land, und es gibt auch kein kulturelles Zentrum. Die beiden Städte Biel und Solothurn und die beiden entsprechenden Kantone nehmen deshalb mit ihrer Unterstützung des Theaters und des Orchesters Biel Solothurn gewissermassen auch eine öffentliche Aufgabe im Interesse unseres Landes wahr.

Um dieser öffentlichen Aufgabe gerecht zu werden, wurde es dringend notwendig, das seit 1936 mehr oder weniger unveränderte Theatergebäude umfassend zu sanieren. Eine im Jahr 2003 erstellte Studie zeigte erhebliche Mängel in der Bühnentechnik und bei der Arbeits- und Betriebssicherheit. Daneben zeigte sich aber auch die Notwendigkeit, im Bereich Garderobe, Café und Foyer Erweiterungen und Verbesserungen vorzunehmen. Dafür kaufte die Stadt Solothurn 2004 vorausschauend das östlich angrenzende «Haus Krieg». Nachdem in den letzten 20 Jahren die notwendigen Reparaturen und Anpassungen an geänderte betriebliche Anforderungen oder der Ersatz von Bau- und Bühnenteilen mit einem sehr geringen Budget ausgeführt worden sind, musste der Gemeinderat im Mai 2011 feststellen, dass eine umfassende Sanierung des Gebäudes über alle drei Gebäudeteile hinweg sinnvoll und notwendig geworden war. Es musste gar zur Kenntnis genommen werden, dass ohne massive Verbesserungen beim Brandschutz und bei den Fluchtwegen mit einer Schliessung des Betriebes gerechnet werden müsste.

Dieser Schritt hätte zweifellos das Ende der Tradition des Theater Orchester Biel Solothurn bedeutet, wahrscheinlich aber auch das Ende des professionellen Theaters am Jurasüdfuss überhaupt. Die Stadt Biel wäre vermutlich trotz grosser Unterstützung durch den Kanton Bern nicht in der Lage und auch kaum willens gewesen, das Theater auf eigene Kosten weiterhin zu betreiben. Nicht vergessen werden darf nämlich, dass in jenem Kanton mit dem Theaterbetrieb in der Stadt Bern eine innerkantonale Konkurrenz besteht, welche dem Theater und Orchester in Biel ohnehin immer ein spezielles Legitimationsbedürfnis auferlegt. Daneben darf aber auch nicht vergessen werden, dass das Ende des Theaters in Solothurn auch einen der ältesten kulturschaffenden Vereine der Stadt und der noch existierenden Theatervereine der Schweiz getroffen hätte, nämlich die Liebhaber-Theatergesellschaft Solothurn, welche im Jahre 2010 ihr 200-Jahr-Jubiläum feiern durfte. Auch sie ist für ihre Aufführungen zwingend auf die Räumlichkeiten des Stadttheaters angewiesen.

Es war deshalb sofort sowohl für die Bevölkerung als auch für die politischen Behörden der Stadt völlig klar, dass das Gesamtsanierungsprojekt umgesetzt werden musste.

Ab und zu flackerte zwar die Idee einer Alternative in Form eines neuen Theatergebäudes «auf der grünen Wiese» auf. Konkret wurde jedoch nie eine entsprechende Projektierung beauftragt. Zu sehr dominierte die Gewissheit, mit einer Auslagerung des Theaterbetriebes ausserhalb der Stadtmauern ginge ein wesentlicher Teil des Charakters unseres Theaters verloren. Zudem wurde darauf hingewiesen, dass erfahrungsgemäss neue Gebäude, sei es im Kulturbereich wie auch andernorts, nicht einfach billiger zu stehen kommen als die Sanierung älterer Liegenschaften. Mit einem Neubau wird nämlich erfahrungsgemäss – und sinnvollerweise – gleichzeitig auch die Realisierung der neusten technischen Errungenschaften gewünscht.

So genehmigten der Gemeinderat mit sehr grosser Mehrheit und anschliessend die Gemeindeversammlung praktisch einstimmig das zur Realisierung gelangende Projekt «sischimmersogsi». Die wegen der Kredithöhe obligatorische Urnenabstimmung vom 11. März 2012 verlief dann beinahe sensationell positiv: 82 Prozent der Stimmenden bewilligten einen für unsere Kleinstadt enormen Bruttobetrag von rund 20 Mio. Franken. Hilfreich waren dabei sicher auch die Zusicherung des Kantonsbeitrages über den Lotteriefonds in der Höhe von 5 Mio. Franken, die bereits früher verbuchten Vorfinanzierungen von über 10 Mio. Franken sowie der Beitrag von 0,5 Mio. Franken durch die Mathys-Stiftung. Vor allem aber und ausschlaggebend war mit Sicherheit die breite Verankerung des Theater- und Orchesterbetriebes in unserer Stadt aufgrund der eingangs geschilderten jahrhundertealten Tradition. Folgerichtig wurde gleichentags auch die Leistungsvereinbarung mit der neuen Stiftung Theater Orchester Biel Solothurn mit gar 84 Prozent Zustimmung trotz eines gegenüber früher erhöhten laufenden Beitrages genehmigt. Offensichtlich herrscht in unserer Bevölkerung eine tiefe Überzeugung, dass die Kultur im Allgemeinen und das Theater im Speziellen sich nicht primär durch finanzielle Kriterien prägen lassen darf. Deshalb sind wir überzeugt, dass das Theater Orchester Biel Solothurn auch in Zukunft seine wichtige gesellschaftliche und kulturelle Funktion übernehmen kann. Unvoreingenommene, tolerante und kulturell interessierte Behörden und Zuschauerinnen und Zuschauer sind hiefür Voraussetzung. Diese wiederum wird erleichtert durch eine überzeugende Leistung unserer Theater- und Musikschaffenden in Biel und Solothurn.

Abschliessend danken wir allen am Sanierungsprojekt Beteiligten, insbesondere der phalt Architekten AG in Zürich und dem Stadtbauamt der Einwohnergemeinde Solothurn. Wir freuen uns auf die erfolgreiche Fortsetzung der langen Theater- und Orchestertradition im neuen Stadttheater Solothurn!

1 Administrationsgebäude
2 Theatergebäude
3 Foyergebäude
4 «Haus Krieg»

Ausschnitt aus dem Stadtprospekt von Johann Baptist Altermatt aus dem Jahr 1833.

Von der Jesuitenschule zum neuen Stadttheater

Urs Bertschinger, Bauforscher und
Stefan Blank, Kantonaler Denkmalpfleger

Vorgängerbauten

Die Geschichte des heutigen Stadttheaters beginnt im Jahr 1646 mit der Niederlassung der Jesuiten in Solothurn. Bereits kurz danach gründeten diese in einem von der Obrigkeit zur Verfügung gestellten Gebäude an der heutigen Theatergasse ein Gymnasium, in welchem nebst dem Latein- und Griechischunterricht schon damals das klassische Theaterspiel einen wichtigen Platz einnahm.

Zu dieser Zeit bestand der Gebäudekomplex des heutigen Stadttheaters aus sechs unabhängigen schmalen Altstadthäusern. Das westlichste, das heutige Administrationsgebäude, wurde Anfang des 17. Jahrhunderts durch den heute noch bestehenden Bau ersetzt. Bereits im Jahr 1700 erwog die Obrigkeit, das Gebäude zu erwerben, um die sich im östlichen Nachbargebäude befindende Jesuitenschule zu erweitern. Der Plan blieb jedoch unausgeführt, und erst ab 1993 wurde das Haus Teil des heutigen Stadttheaters.

Im östlich daran anschliessenden Gymnasiumgebäude wurde 1682 erstmals ein kleiner separater Theatersaal eingebaut, dies zusätzlich zum bereits seit einem Jahr bestehenden Saal im Kauf- und Lagerhaus am Landhausquai. Das alte Schulgebäude befand sich aber in einem schlechten baulichen Zustand und war zeitweilig sogar einsturzgefährdet. Nachdem sich 1700 das Projekt einer Erweiterung zerschlagen hatte, wurde weiterhin abwechslungsweise in beiden Theatersälen gespielt, bis dann 1726 erste Projektpläne für einen grossen Schul- und Theaterneubau entstanden.

Das östlichste Gebäude, das heute in das Theater integrierte «Haus Krieg», weist von all den bekannten Vorgängerbauten die interessanteste Baugeschichte auf. Im Gefüge der heutigen Stadttheaterbauten ist es das älteste partiell noch erhaltene Haus und soll hier als Beispiel etwas detaillierter beschrieben werden. Der älteste Teil entstand Anfang des 15. Jahrhunderts als schmales, wahrscheinlich nur eingeschossiges Hinterhaus zwischen der Ufermauer und dem Vorderhaus. 1457 folgte dann die Überbauung des ganzen Hofbereichs. Es scheint, dass von diesem Moment an das zweigeschossige Haus als eigenständiger Wohnbau von Süden her erschlossen wurde. Bauliche Details wie fein profilierte und dekorativ ummalte Doppelfenster, innere Türgewände mit Blendkielbogensturz sowie mit Stuck und Farbe umrandete Wandnischen lassen auf einen gewissen Wohlstand des damaligen Besitzers schliessen. Das Gebäude wurde anschliessend in mehreren Etappen erhöht und neu ausgestattet. 1649 verlor das Wohnhaus seine Eigenständigkeit und wandelte sich durch den Einbau einer Schmiede zum Gewerbebau. Weitere Umbauten und Nutzungsänderungen folgten. Zwischen 1740 und 1775 erhielt das Haus aber wieder eine Aufwertung durch den Bau eines zusätzlichen Wohngeschosses, eines grossen Aufzuggiebels und eine neue Fassadierung mit Lauben und Eckvorbauten. Doch bereits ab 1807 kam es an den Fassaden und Ausstattungen im Zuge eines Umbaus wieder zu grösseren Veränderungen. Die gewerbliche Nutzung des Gebäudes blieb bestehen, bis 2004 das Haus in den Besitz der Stadt überging und in die Planung des Gesamtumbaus des Stadttheaters mit einbezogen wurde.

Neubau des Jesuitengymnasiums

Bereits 1700 entstanden erste Ideen zur Erweiterung des Gymnasiums mit einem integrierten Theatersaal. Doch erst 1726 kauften die Stadtbehörden die zwei östlich an die bestehende Lateinschule angrenzenden Liegenschaften und beauftragten den bekannten französischen Festungsingenieur und Architekten Jean Fortier, Abklärungen für den Neubau eines Schul- und Theatergebäudes zu erstellen. Das Projekt sah den Abbruch der drei Liegenschaften und einen anschliessenden grossen Neubau vor. Zwei Jahre später wurde das Projekt genehmigt und mit dem Neubau begonnen. Bereits im Oktober 1729 war der Dachstuhl aufgerichtet, und ein Jahr später bezog die Schule das neue Gebäude. Mit der Fertigstellung des grossen neuen Theaters konnte nun auch die Spielstätte im Kaufhaus aufgehoben werden. Kurze Zeit später reaktivierte man jedoch das Kaufhaustheater wieder, da bei öffentlichen Vorführungen der Platz im neuen Theater nicht ausreichte. 1773 wurde der Jesuitenorden aufgehoben, und die Besitzungen wie auch das Gymnasium mit dem Theater gingen an die Stadt über, welche die Schule und das Theater aber weiterführten.

Nachdem das Kaufhaus über längere Zeit die bevorzugte Spielstätte geblieben war, erfolgte wieder eine gegenläufige Tendenz hin zum Gymnasiumtheater. 1778 veranlasste der Rat, umfassende Abklärungen für eine Verbesserung und Vergrösserung des Theaters in Auftrag zu geben. Die Idee dahinter war auch, die unbefriedigende Situation mit den zwei gleichzeitig bespielten Theatersälen zu klären und dabei das Kaufhaustheater endgültig aufzuheben. Für die Ausarbeitung eines Umbauprojektes wurden der in Solothurn ansässige Künstler Laurent Louis Midart sowie der Kantonsbaumeister Paolo Antonio Pisoni beigezogen. Bereits im März des Jahres legten die beiden dem Rat ihre Projektideen vor. Sie übernahmen dabei die Hülle des bestehenden Gebäudes von 1729/30, der gesamte zweigeschossige Theaterraum sollte aber komplett neu gestaltet werden. Wichtigster Bestandteil, nebst der Neudekoration, war das Vergrössern der Zuschauerkapazität, indem sie im bestehenden Raum zwei statt wie bis anhin einen Emporenrang vorsahen. Der Rat genehmigte das Projekt und im selben Jahr wurde mit dem neuen Innenausbau begonnen. Für die Ausgestaltung des Saals konnte 1779 der bekannte und bereits in der St.-Ursen-Kathedrale tätig gewesene Solothurner Maler Felix Josef Wirz gewonnen werden. Er bemalte den oberen halbrunden Emporenrang mit einer roten und blauen Vorhangdraperie und den unteren Rang mit einer Einteilung aus rechteckigen Feldern, in denen Stillleben mit verschiedenen Musikinstrumenten dargestellt sind.

Im Laufe der Zeit alterte jedoch der Zuschauersaal und präsentierte sich in einem unerfreulichen Zustand. In einem Brief aus dem Jahre 1810 wurde er als düster und unbequem beschrieben. Verbesserungen an der Bestuhlung, der Beleuchtung, an den Zugängen und an der Heizung wurden veranlasst. Auch erhielten die Emporenbrüstungen eine neue Dekoration auf textilem Gewebe, über deren Aussehen wir leider keine Kenntnis haben.

Schon 1856 erhielt der Zuschauerraum wieder eine umfassende Neugestaltung. Nebst einer neuen Beleuchtung und Polsterung der Stühle wurden die alten Holzpfosten der Emporen durch weiter innen liegende schlanke Eisensäulen ersetzt. Zusätzlich installierte man in der Mitte des unteren Ranges eine auskragende Ehrenloge. Bedingt durch diese Arbeiten, mussten auch die Emporenbrüstungen neu gestaltet werden. Erstellt wurden sie durch den Solothurner Kaufmann, Sammler und Maler Franz Anton Zetter. Die bestehenden Stoffbespannungen von 1810 wurden dabei entfernt, und direkt auf die alten Malereien von Wirz wurden neue Papierbahnen geklebt, welche mit darauf gemalten Füllungsrahmen und schablonierten floralen Arabeskenmedaillons dekoriert wurden.

1881 zog das Gymnasium in die neue Kantonsschule, und das Gebäude diente fortan nur noch dem Theater. Der Betrieb schien zu florieren, denn 1893 wurde die Sitzkapazität mit neuen und zusätzlichen Klappstühlen auf 600 Plätze erhöht. Der Raum erhielt dem Zeitgeschmack entsprechend auch eine neue Dekoration. Der aus Deutschland stammende Maler Gustav Bogsch bemalte die Gipsdecke des Zuschauerraumes mit allegorischen figürlichen Motiven, die Emporenbrüstungen erhielten eine auf Stoffbespannung gemalte oder gedruckte Dekoration aus Blumengirlanden und floralen Medaillons, welche durch den Solothurner Tapetenhändler und Kaufmann Franz Anton Zetter-Collin (Sohn des F. A. Zetter) geliefert wurde.

Erst 1936 erfuhr das Theater wieder eine umfassende Renovierung. Man integrierte das sich bereits seit 1883 im Besitz der Stadt befindende östliche Nachbargebäude in den Theaterbau, um darin ein neues grosszügiges Foyer und eine grosse zweiläufige Treppenanlage einzubauen. Der Theaterraum selber erhielt eine neue Bühnengestaltung und ein neues Bühnenportal. Auch der Zuschauerraum wurde unter Erhalt der Grundkonstruktionen der Emporen im zurückhaltenden Stil der Zeit neu ausgestattet. Die Emporenbrüstungen wurden dabei erneut mit einer nun roten Stoffbespannung verkleidet. Bis zum Beginn des aktuellen Gesamtumbaus im Jahre 2013 blieb das Theater in diesem Aussehen unverändert.

Die Restaurierung der wiederentdeckten Emporenmalereien

Bei den im Vorfeld der Umbauarbeiten durchgeführten Sondierungen an den Emporenbrüstungen kamen unter den 1936 angebrachten Stoffverkleidungen ältere Dekorationsfassungen zum Vorschein. Schnell wurde klar, dass es sich bei der untersten um die barock-klassizistischen Malereien von Felix Josef Wirz aus dem Jahre 1779 handelt. Dies stellte insofern eine kleine Sensation dar, weil man anfänglich davon ausgegangen war, dass diese Malereien bereits bei früheren Umbauten entfernt worden waren.

Nach weiteren Freilegungen entschied man sich in Zusammenarbeit mit der Bauherrschaft und den planenden Architekten, die Malereien mit den ebenfalls noch von 1778/79 stammenden Balkenkonstruktionen der Emporen sowie die Eisensäulen von 1856 in das Umbauprojekt zu integrieren und zu restaurieren. Die Brüstungsbretter wurden anschliessend segmentweise demontiert und zur weiteren Bearbeitung ins Restaurierungsatelier transportiert. Dort mussten die Malereien von den aufgeklebten Papierfragmenten befreit werden. Erst nach diesen Freilegungen konnte der Erhaltungszustand der Malereien ganzflächig begutachtet werden. Es zeigte sich, dass

Oben: Historische bauliche Details im «Haus Krieg» zeugen von einem gewissen Wohlstand der damaligen Besitzer.

Oben links: Diverse alte Kalkverputze, mit einer Wandnische mit farbig gefasstem Stuckrahmen.

Oben rechts: Doppelt gekehltes Sandstein-Fenstergewände aus dem Jahr 1457. Ersichtlich sind Reste einer geometrischen Umrandungsdekoration.

Unten: Theatersaal vor den umfassenden Umbauarbeiten im Jahr 1936. Die Deckenmalereien mit allegorischen figürlichen Motiven aus dem Jahr 1894 stammen vom Maler Gustav Bogsch. Die Emporenbrüstungen sind mit gemalten oder gedruckten Blumengirlanden und floralen Medaillons auf einer Stoffbespannung aus dem Jahr 1881 dekoriert, welche der Solothurner Kaufmann und Tapetenhändler Franz Anton Zetter-Collin geliefert hat.

Originale Brüstungsmalereien von Felix Josef Wirz aus dem Jahr 1779 vor und nach ihrer Restauration. Für die Malerei wurde eine auf einem Kreidegrund liegende Tempera-Malerei verwendet. Auf die Höhungen aus Bienenwachs und Kolophonium wurden als Glanzeffekt dünne Messingfolien appliziert.

Der obere halbrunde Emporenrang wurde mit einer roten und blauen Vorhangdraperie dekoriert, der untere Rang mit einer Einteilung aus rechteckigen Feldern bemalt, in denen Stillleben mit verschiedenen Musikinstrumenten dargestellt sind.

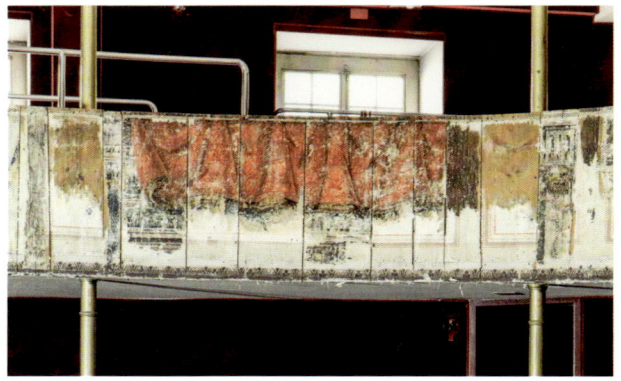

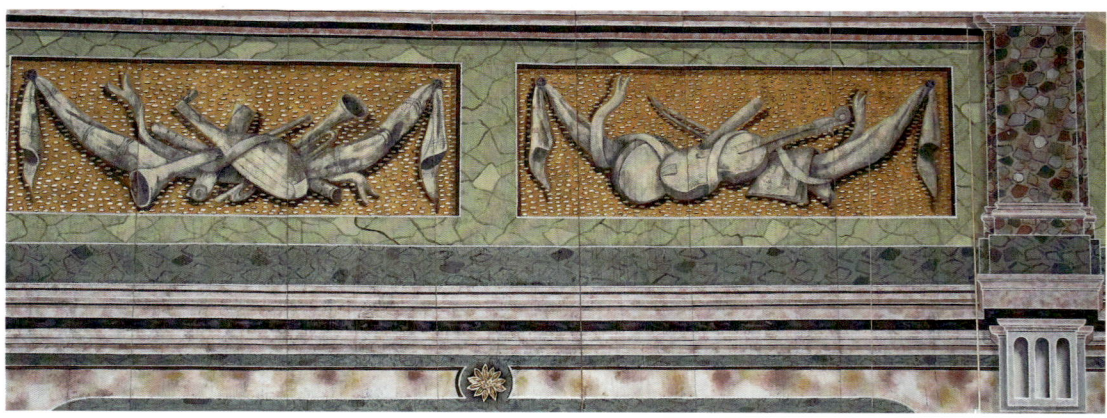

gewisse Bretter bei früheren Interventionen in ihrer Lage verschoben oder mit neuen ersetzt worden waren. Vor allem in den Säulenbereichen und bei der Ehrenloge, wo 1856 grössere Veränderungen stattgefunden hatten, fehlten die originalen Bretter grösstenteils. Diese Bereiche mussten mit Hilfe von Befunden rekonstruiert und ergänzt werden. Der Bestand der erhaltenen originalen Malerei war jedoch nach wie vor gross, dies vor allem im oberen Rang mit seinen Vorhangdraperien. Der untere Rang mit den Instrumentenstillleben wies teilweise grössere Fehlstellen auf. Diese konnten jedoch alle gemäss den vorgefundenen Befunden ergänzt oder rekonstruiert werden. Weiter mussten die Bretter, die in früheren Interventionen in ihrer Höhe leicht reduziert worden waren, durch Holzergänzungen wieder auf die gleiche Länge gebracht werden.

Im Vorfeld der Restaurierung wurden die Malereien auch auf ihre Technik hin untersucht. Es handelt sich dabei um eine auf einem Kreidegrund liegende Tempera-Malerei. Als Bindemittel wurden Protein und Kreide verwendet. Auch die wichtigsten Pigmente konnten analysiert werden. Das Rot besteht aus Zinnober und Bleiweiss, das Blau aus Preussischblau und Bleiweiss, die blauen und grünen Töne enthalten nebst Preussischblau und Bleiweiss noch Erdpigmente wie Ocker, grüne Erde, Eisenoxyde, Quarz und Kaolin. Auf die Höhungen aus Bienenwachs und Kolophonium wurden als Glanzeffekt dünne Messingfolien appliziert. Für die neuen Ergänzungen und Rekonstruktionen bediente man sich einer reversiblen Methode. Die Retuschen und Ergänzungen wurden mit in Cellulose gebundenen historischen Pigmenten auf den neuen Kreidegrund gemalt.

Würdigung des Theatersaals

Mit der Restaurierung und der Integration der neu entdeckten barock-klassizistischen Dekorationsmalereien in das renovierte Stadttheater erhielt Solothurn ein aussergewöhnliches Kulturdenkmal zurück. Der während der letzten Jahrzehnte relativ nüchtern ausgestattete Saal hat nun wieder eine Festlichkeit erhalten, die der abwechslungsreichen Geschichte und der hohen Bedeutung des Stadttheaters gerecht zu werden vermag. Nicht nur bestechen die Malereien durch Ausmass und Grosszügigkeit – wichtig ist auch der Befund, dass die Grundkonstruktion der Emporen und somit die Geometrie des Saals ebenfalls noch von 1778/79 stammen und somit eine Einheit von Konstruktion und Ausstattung aus dem 18. Jahrhundert besteht. Von besonderer Bedeutung ist aber auch die Tatsache, dass die Malerei dem einheimischen Maler Felix Josef Wirz (1743–1795) zugewiesen werden kann, der in Rom bei Domenico Corvi (1721–1803) ausgebildet worden war, einem in Italien und in der Schweiz tätigen Maler des Rokoko und Klassizismus. Von der Tätigkeit von Corvi und Wirz in Solothurn war bisher lediglich bekannt, dass sie kurz vor dem Neubau des Theatersaals in der neu errichteten St.-Ursen-Kathedrale mehrere Altarbilder gemalt hatten. Von Corvi stammen beispielsweise das Abendmahlsbild oder die Krönung Mariae, von Wirz die Verkündigung im südlichen Seitenschiff. Das bisher wenig bekannte Œuvre von Wirz kann mit den Malereien im Stadttheater um ein wichtiges Werk erweitert werden.

Aufgrund dieser neuen Erkenntnisse darf das Stadttheater Solothurn als das wahrscheinlich älteste partiell noch erhaltene Theater in der Schweiz bezeichnet werden. Aus dem 18. Jahrhundert sind hierzulande sonst keine intakten und in Funktion stehenden Theaterbauten mehr bekannt. Die frühesten noch gut erhaltenen Theater sind diejenigen von La Chaux-de-Fonds (1836/37) und Bellinzona (1847). Alle weiteren Theaterbauten der Schweiz stammen aus der zweiten Hälfte des 19. Jahrhunderts oder aus dem 20. Jahrhundert.

Der Fund dieser Malereien gilt als eine der bedeutendsten Entdeckungen in den letzten Jahrzehnten im Kanton Solothurn und ist in diesem Ausmass und Kontext in der Schweiz als einmalig anzusehen. Die grosszügig und bunt gemalten Dekorationen aus dem ausgehenden 18. Jahrhundert lassen das Gefühl der barocken Üppigkeit aus dieser Zeit wieder wach werden. Zusammen mit den neuen Ausstattungselementen und der modernen Bühnen- und Saaltechnik zeigt das renovierte Stadttheater von Solothurn ein stimmungsvolles Ensemble und widerspiegelt in geradezu exemplarischer Weise die Verbindung zwischen klassischem und zeitgenössischem Bühnentheater. Aus denkmalpflegerischer Sicht ist der Stadt Solothurn als Bauherrin, den Architekten und Planern und nicht zuletzt den ausführenden Unternehmen für dieses gelungene Werk ein grosser Dank auszusprechen. Das neue restaurierte und renovierte Stadttheater in Solothurn wird damit über die Kantonsgrenzen, ja sogar über die Landesgrenzen hinaus gebührende Beachtung finden.

Das neue Foyer als skulpturale Erschliessungsfigur und Begegnungszone für Theaterbesucher.

Nahtlos eingepasst
Caspar Schärer, Architekt und Journalist

Architektur ist Raum: Das neue Foyer des Stadttheaters Solothurn ist ein komponierter Raum, der einen sofort in Beschlag nimmt. Zuerst kippt der Kopf in den Nacken, um seine Ausdehnung nach oben zu erfassen; dann geht der Blick geradeaus durch die Glastüre auf die Fischergasse; schliesslich erkennt man rechts in einer Vertiefung der dicken Mauer den Eingang zum Theatersaal und links zwei weitere Durchgänge, die ins Café führen.

Architektur ist Organisation: Menschen und Dinge brauchen am richtigen Ort ihren Platz, und die Abläufe müssen reibungslos funktionieren, gerade in einem Theater. Durch den Umbau werden die Räume neu geordnet, einige Knoten vor und hinter der Bühne gelöst, vormals komplizierte Raum- und Wegbeziehungen im so genannten Administrationsgebäude geklärt und ganz allgemein mehr Flächen zur Nutzung geschaffen. Schliesslich will Architektur ja gebraucht werden.

Architektur ist Gestaltung: Die Fassade der vier aneinandergebauten Häuser an der Fischergasse ist keine «Rückseite» mehr. Neue Eingänge und grosse Fenster im Erdgeschoss zeugen von der «Erweckung», genauso wie die komplett erneuerte Fassade des zuvor vom Einsturz gefährdeten «Haus Krieg». Es war schon immer etwas anders als die anderen Häuser in der Zeile, gehört nun aber klarer zum ganzen Gebäudekomplex des Theaters.

Natürlich ist Architektur noch viel mehr, und die Liste liesse sich noch beträchtlich verlängern. Architektur ist eine typische Querschnittsdisziplin, die viele verschiedene äussere Bedingungen bündelt und ihnen eine Form gibt. Wünsche des Bauherren stehen am Anfang, dann kommen schon bald die Einschränkungen des Baurechts, und schliesslich dürfen die einschlägigen Normen der Baukunst nicht vergessen werden, die immer schneller revidiert werden. Beim Bau eines Einfamilienhauses auf einem leeren Grundstück ist die Anzahl dieser Bedingungen einigermassen überschaubar, bei einem öffentlichen Gebäude sieht es schon anders aus. Komplizierter wird die Architektur beim Bauen in bestehender Bausubstanz, und noch anspruchsvoller in jahrhundertealten Häusern. Beim Umbau des Stadttheaters Solothurn kommt alles zusammen.

Alte Praxis, neue Bedingungen
Um-, An-, Weiterbauen und Aufstocken sind ganz und gar zeitgenössische Bauaufgaben – in Anbetracht von zur Neige gehenden Baulandreserven werden sie in Zukunft sogar noch wichtiger. Die beispiellose Expansion, die mit der Industrialisierung einsetzte und die nach dem Zweiten Weltkrieg so richtig an Fahrt gewann, stösst an ihre Grenzen. Eine Ausdehnung in die Fläche, wie in den vergangenen hundert Jahren praktiziert, wird nicht mehr möglich sein. Die Zeit der Landnahme ist vorbei, die Entwicklung nach innen ist das Postulat der Zukunft. Beim Weiterbauen können sich Architektinnen und Architekten zwar auf eine uralte Praxis stützen, allerdings haben sich die Rahmenbedingungen stark verändert. Wer sprach früher schon von Denkmalpflege? Wer von Energie, geschweige denn vom Einsparen? Materialien, Konstruktionsmethoden und Technologien stehen in einer riesigen Varietät zur Auswahl. Alles ist möglich – aber was ist vernünftig und angemessen?

Vor hundert Jahren – noch vor der Moderne – forderten erste Denkmalpfleger, dass sich das Neue, Hinzugefügte deutlich vom Alten, Bestehenden unterscheiden solle. Schliesslich sei das Alte ein kunsthistorisches Unikat von besonderem Wert, hiess es damals, und die Reinheit des authentisch Alten müsse um jeden Preis gewahrt bleiben. Die Charta von Venedig von 1964, die Grundlage der modernen Denkmalpflege, schrieb das Dogma des klar abgegrenzten Kontrastes fest. Bis in die 1990er Jahre hatte es Gültigkeit, und die Architekten arbeiteten sich daran ab. Mit der Zunahme der Aufgaben rund um Umbauten und Sanierungen entwickelte sich einerseits eine Routine und andererseits ein neues Verhältnis zwischen Alt und Neu. Die Architekten entdeckten feinere und weiter verzweigte Bezugsebenen. Das revidierte Verhältnis vom Neuen zum Alten wird seither treffend als «Weiterbauen» umschrieben.

Mit der Aufgabe der sicheren Position geht allerdings auch eine Steigerung der Komplexität einher. Die Fragestellungen mögen noch eindeutig sein – die Bedürfnisse und gesetzlichen und normativen Anforderungen –, die Antworten sind es nicht mehr. Oft stehen die Planerinnen und Planer vor Problemen, die sich nicht ohne Weiteres lösen lassen und zu deren Lösung unter Umständen sich widersprechende Taktiken angewandt werden müssen. Umso wichtiger wird die Strategie, der Blick auf das Ganze und den Prozess, der dorthin führt.

Aktiviertes Potenzial
Im Fall des Stadttheaters Solothurn basiert das Ganze auf einer grundlegenden Idee: Jedes Theater ist ein öffentlicher Bau und strahlt in den angrenzenden Stadtraum aus. Manche Theater sind als Gebäude besonders ausgezeichnet, oder es ist ihnen ein Platz vorgelagert, der das Haus entsprechend inszeniert. Weder das eine noch das andere trifft auf Solothurn zu. Das Stadttheater Solothurn ist in eine Häuserzeile eingebaut, die ursprünglich anderen Zwecken diente. Die Zeile wird von der Theater- und der Fischergasse eingefasst; bis anhin gab es klar ein Vorne und ein Hinten und damit eine Hierarchie: Der «Rückseite» an der Fischergasse wurde deutlich weniger Aufmerksamkeit geschenkt; sie glich deshalb eher einem Hinterhof. Nach der Fischergasse folgt aber der Garten des Landhauses und dann die Aare – früher mag die Nähe zum Fluss wenig vorteilhaft gewesen sein, heute ist es genau umgekehrt. Überhaupt kann das Stadttheater mit seinem mächtigen Dach, das all seine Nachbarn überragt, vom südlichen Aareufer aus als städtebauliches Ensemble in einer Reihe zwischen Landhaus und Palais Besenval gelesen werden. Aus diesem Blickwinkel ist die Rückseite eine Vorderseite, gar eine Schauseite zum Fluss.

Das Architekturbüro phalt gewann 2008 den Projektwettbewerb für die Erneuerung des Stadttheaters mit der klaren Absicht, das Haus in der Stadt neu zu positionieren, indem nicht mehr so deutlich zwischen «Stadtseite» und «Flussseite» unterschieden wird. Selbstverständlich wäre es viel zu aufwändig gewesen, das ganze Gebäude umzukrempeln. Die Architekten identifizierten jedoch mit dem Foyer jene Schlüsselstelle im Raumgefüge des Stadttheaters, an der sie ansetzen konnten. Das Foyer als Dreh- und Angelpunkt für das Publikum eignete sich ideal für eine grundlegende Veränderung, denn in ihm schlummerte ein räumliches Potenzial, das die Architekten nun aktiviert haben. Das kleine, direkt neben dem Foyer an der Fischergasse gelegene «Haus Krieg» wurde ebenfalls umfassend umgebaut und trägt mit dem neuen Theatercafé im Erdgeschoss und der neuen Fassade massgeblich zur «Neuorientierung» bei.

Aus dem zuvor etwas muffigen Foyer wurde ein dynamischer Raum, der Beziehungen in alle Richtungen aufnimmt: Er durchmisst das Gebäude in seiner ganzen Tiefe, verbindet also Theater- und Fischergasse und schafft so ganz direkt den bis anhin fehlenden Bezug. Zugleich wurde das Foyer in der Vertikalen um einiges aufregender: Es gewann an Höhe, wurde luftiger und durchsichtiger. Treppen und Galerien schlängeln sich mit geschmeidigen Rundungen durch den Raum; ein durchgehender, golden gestrichener Handlauf zeichnet die Bewegung nach und bildet ein einprägsames Leitmotiv. Treppen waren schon immer spezielle architektonische Elemente, die seitens der Gestalter viel Fingerspitzengefühl erfordern. Im Besonderen gilt das für repräsentative Treppen, und was anderes ist die neue Treppe im Foyer des Stadttheaters Solothurn? Nicht nur die Treppe, gleich das ganze Foyer ist jetzt ein repräsentativer Raum – eine Bühne für das Publikum selbst, das über die Galerien wandelt und sich dabei gegenseitig betrachten kann. Auch die Besucherinnen und Besucher des Stadttheaters Solothurn schätzen solche kleine Extravaganzen.

Klug verknüpft
Bevor sich der Raum im Foyer so schön entfalten konnte, musste er von einigen Funktionen entlastet werden. Hier kommt das «Haus Krieg» ins Spiel, das auf drei Etagen aufnehmen konnte, was ein Theaterfoyer sonst noch so alles braucht. Das Café im Erdgeschoss mit Fenstern auf die Fischergasse wurde bereits erwähnt. Im Zwischengeschoss gibt es nun genug Platz für Mäntel und Jacken in einer neuen Garderobe, und nochmals ein Stockwerk weiter oben sind ausreichend und zeitgemässe Toiletten eingerichtet.

In die andere Richtung, sozusagen flussaufwärts, führen die Türen wie schon vor dem Umbau in die Herzkammer des Theaters, in den prächtigen Saal. Er wirkt auf den ersten Blick unverändert – tatsächlich wurde er in seiner Grundanordnung nicht verändert. Schon der zweite Blick fällt auf die dekorativen Brüstungsmalereien der beiden Balkongeschosse, die 2012 bei den Sondierungsarbeiten entdeckt und sorgfältig restauriert wurden (vgl. den Beitrag «Von der Jesuitenschule zum neuen Stadttheater» auf den Seiten 15–19). Sie stammen aus dem 18. Jahrhundert und erstrahlen jetzt wieder mit satten Farben. Unsichtbar ist hingegen die technische Aufrüstung des Saals, namentlich die neuen Lüftungrohre, die sich unter dem Boden verstecken. Ebenso wurde die Bühnentechnik vollständig erneuert: Der alte mechanische Handbetrieb wich einer zeitgemässen elektronischen Steuerung. Bis hierhin reichen die Blicke der Zuschauerinnen und Zuschauer gerade noch. Alle weiteren für den Betrieb notwendigen Räume – und das sind einige! – befinden sich über dem Saal und hinter der Bühne im «Administrationsgebäude». Allein die Garderoben und die Näherei in den beiden Geschossen direkt über dem Saal benötigen viel Platz; sie sind nun direkt und à niveau mit dem «Administrationsgebäude» verbunden. Darüber dehnt sich über die ganze Fläche des Hauptgebäudes das Depot aus, unterteilt von parallel verlaufenden Schotten. Im Dachgeschoss stehen schliesslich die Grossgeräte der Haustechnik – millimetergenau eingepasst in das gewaltige Gebälk des Dachstuhls. Das «Administrationsgebäude» wurde komplett ausgehöhlt und um einen neu erstellten Lift- und Treppenkern neu aufgebaut. Wie das Foyer verfügt es nun über einen zweiten, gleichwertigen Zugang an der Fischergasse. So tragen auch die Angestellten des Theaters mit ihren täglichen Gängen zur «Neuorientierung» des Hauses mit bei.

Der Rundgang durch die frisch umgebauten Räume des Stadttheaters Solothurn zeigt, dass die Architekten das oben geschilderte Ganze nie aus den Augen verloren. Die feine städtebauliche Justierung ermöglicht die grosszügige räumliche Geste – das Foyer –, und umgekehrt. Zusammen mit dem prächtig hergestellten Saal und zum Teil neuen, jedenfalls klug miteinander verknüpften Nebenräumen entsteht ein Gesamtwerk, das nahtlos in das alte Gemäuer passt. Fast hat man das Gefühl, es hätte doch schon immer so sein müssen.

Schalung und Sicherung der neu betonierten Foyertreppe.

Der Weg zum neuen Stadttheater

Andrea Lenggenhager, Leiterin Stadtbauamt

Bauen ist ein Dialog zwischen Menschen und Materie

Auch die längste Reise beginnt mit dem ersten Schritt. So auch bei diesem Umbauprojekt. Vor mehr als einem Jahrzehnt entstand die Idee, die nun Anfang 2015 als neue Heimat der Musen vor uns materialisiert steht. Der Geist der Menschen hat Raum für das Geistvolle entstehen lassen. Politische, ökonomische und modernste technische Prozesse haben einen gesellschaftlichen Mittelpunkt zur Bewahrung von Traditionen und zum Aufbruch zu neuem Denken und Empfinden hervorgebracht.

Kein Bau steht am Ende der Geschichte

Im Jahre 1803 übernahm die Stadt das Schul- und Theatergebäudes von den Jesuiten. Das Erscheinungsbild vor dem heutigen Umbau ging weitgehend auf die Eingriffe der 1930er Jahre zurück. Anpassungen an geänderte betriebliche Anforderungen oder der Ersatz von Bau- und Bühnenteilen wurden nach dem Umbau 1936 nur in geringem Masse im Rahmen des normalen Unterhalts getätigt. Aufgrund der baulichen und der ungenügenden Sicherheitssituation für Besucher und Angestellte in einem Brandfall gab es deshalb seit Jahren die Bestrebung, das Theater zu sanieren.

Die Bauherrschaft hatte eine umfassende Rolle

Das Stadtbauamt als Verwaltungsabteilung der Stadt Solothurn übernahm wie bei allen Bauten der Stadt während der ganzen Lebensphase die Funktion des Eigentümervertreters (Bauherrschaft). Dies umfasste die Gesamtverantwortung zur Erreichung von Kosten-, Termin- und Qualitätszielen gegenüber den Bürgern.

Während der Ausführungsphase fanden auch viele Sitzungen zur Materialisierung statt. Herausforderung war das Schaffen einer Symbiose zwischen der dominierenden Malerei und den neuen Farben und Materialien der übrigen Bauteile.

Die Aufgaben umfassten unter anderem auch das Beschriftungskonzept, an das der Anspruch der Objektkunst gestellt wurde. Die Sanierung des Stadttheaters war für Solothurn eines der grössten Umbauprojekte, sowohl retrospektiv betrachtet als auch in Hinblick auf die vorhersehbaren Projekte der näheren Zukunft.

Die Vorgaben der Bauherrschaft berücksichtigen vieldimensionale Anforderungen

Eine perfekte Bühne ohne adäquaten Spielbetrieb hätte zu keiner grossen Nutzensteigerung geführt. Deshalb wurde in der Abstimmungsbotschaft «Sanierung Stadttheater Solothurn» auch die «Leistungsvereinbarung der Stadt Solothurn» mit der neuen Stiftung Theater Orchester Biel Solothurn beantragt und verabschiedet.

Da seit 1936 keine Anpassungen an Bau- wie Funktionstauglichkeit für den Betrieb und die Besucher erfolgt waren, mussten die Anforderungen im Rahmen des Auftrages für das Wettbewerbsprogramm genau erfasst und definiert werden. Grundsätzlich war das Ziel, die verschiedenartigen Nutzungen räumlich zu entflechten, kombinierbare Nutzungen zusammenzufassen und diese innerhalb der vier Gebäudeteile betrieblich sinnvoll anzuordnen. Damit konnten auch die betrieblichen Abläufe verbessert und die knappen Flächen besser genutzt werden.

Die Bühnen von Biel und Solothurn haben ähnliche Grössen und werden abwechselnd, aber fast zeitgleich in einer Saison bespielt. Dies hat eine intensive, häufig täglich wechselnde Verschiebung zum Beispiel des Bühnenbilds oder kompletter Dekorationen zwischen den zwei Städten zur Folge. Diese Anforderungen an eine mittelgrosse Bühne und Logistik waren hoch. Die gesamte Bühnentechnik war zu ersetzen, damit künftig die Sicherheits- und Arbeitsschutzbestimmungen eingehalten werden können. Für die Theaterbesucher waren der Komfort im Saal bezüglich Platz- und Sichtverhältnissen sowie der klimatischen Bedingungen zu verbessern. Ebenso mussten auch Sitzplätze für Behinderte geschaffen und die Behindertenzugänglichkeit sichergestellt werden. Der öffentliche Bereich musste mit der nötigen Infrastruktur ausgestattet werden (mehr WCs, Einbau von Garderoben). Ein abgetrennter Mehrzweckraum für die Einführung der Stücke und ein abtrennbares Café bieten nun zusätzlichen Nutzen für die Besucher.

Die Anforderungen an Gebäudehülle, Tragstruktur und Haustechnik wurden durch das Stadtbauamt definiert, die Anforderungen an den Betrieb erfolgten in engster Zusammenarbeit mit dem Betrieb.

Sämtliche Mängel im Bereich der Tragstruktur und in Arbeits-, Brandschutz und Fluchtwegen waren zu beheben. Dies bedeutete, die denkmalschützerischen Aspekte in Bezug auf Bausubstanz, Struktur des Baus und die Eingliederung des Theaters in die Altstadt zu berücksichtigen.

Neben all den Vorgaben galt es, sparsam mit den Finanzmitteln, auch in Hinblick auf die zukünftigen Instandhaltungs- und Betriebskosten, umzugehen und diese gezielt einzusetzen.

Die Planungszeit lag bei einem Vielfachen der Bauzeit

Bei solch einem Projekt ist die Planung ein komplexer Prozess der Entscheidungsfindung, der Identifikation und Bewertung von Optionen aus einer ursprünglich grossen Variantenvielfalt. Ideen und Anforderungen wurden nach und nach kanalisiert, das Maximale mit dem Machbaren in Einklang gebracht. Das Endprodukt war der Konsens als Basis der Realisierung.

2008 stimmte der Gemeinderat der Durchführung eines Planungswettbewerbs zu. Dieser hatte zum Ziel, Vorschläge für die Gesamtsanierung aller Gebäudeteile inklusive räumlicher und betrieblicher Anpassungen für einen mittelgrossen Theaterbetrieb zu erhalten.

2009 erhielt das eingereichte Projekt des Teams phalt Architekten AG und Jaeger Baumanagement «sischimmersogsi» aus dem offenen selektiven Wettbewerbsverfahren den Zuschlag. Aufgrund der hohen Kosten überprüfte das Stadtbauamt mit den Planern, Betreibern und Nutzern das Raumprogramm und die Anforderungen in einem Variantenstudium vertieft auf eventuelle Einsparungs- und Optimierungsmöglichkeiten. Es zeigte sich, dass sich das Raumprogramm auf den zwingend notwendigen Flächenbedarf beschränkte, dass sämtliche Gebäudeteile bautechnisch in schlechtem Zustand waren und dass sich massive Sicherheitsmängel über alle Gebäudeteile erstreckten, sodass nur durch eine Gesamtsanierung die sicherheitstechnischen Vorschriften und Normen eingehalten werden konnten. In seiner Sitzung vom 24. Mai 2011 folgte der Gemeinderat der Empfehlung zur Weiterbearbeitung und Ausarbeitung eines Bauprojektes.

Die Solothurner Bevölkerung hat im März 2012 die Investition von 19,85 Millionen Franken für die Gesamtsanierung des Stadttheaters mit einem sehr überzeugenden Ergebnis von 82 Prozent befürwortet.

2012, in der Spielpause des Theaterbetriebs, führte die kantonale Denkmalpflege vertiefte Voruntersuchungen im Saal des Stadttheaters durch. Diese ergaben, dass gegenüber dem Bericht der Denkmalpflege von 2008, welcher als Grundlage für die Planung galt, sich die Voraussetzungen für den geplanten Umbau aus denkmalpflegerischer Sicht wesentlich verändert hatten. Im Bereich der Brüstungen und der Zuschauerränge wurden historisch wertvolle Malereien aus den Jahren 1778/79 entdeckt. Die Denkmalpflege hat diese historische Bausubstanz als bedeutend und unbedingt erhaltenswert klassifiziert. Das durch die Urnenabstimmung 2012 verabschiedete Projekt sah vor, dass der Theatersaal neu aufgebaut wird, dass die Galerien aufgehängt werden, sodass keine Stützen die Sicht auf die Bühne behindern würden. Aufgrund der zutage getretenen Malereien und des Entscheids der Denkmalpflege erhielt das Planungsteam vom Stadtbauamt inmitten der Ausführungsplanung den Auftrag, die Auswirkungen eines Erhaltens der Ränge und Stützen auf die angrenzenden Gebäudeteile wie auch auf die Technikführung, den Brandschutz und weitere Sicherheitsaspekte zu prüfen. Innerhalb eines Monats mussten die Statik überprüft und die technischen und funktionalen wie auch die Kostenfolgen und allfällige terminliche Auswirkungen bei einem Erhalt der historischen Bausubstanz aufgezeigt werden.

Mit dem Erhalt der Galerien konnte nur noch ein Teil der Massnahmen realisiert werden, welche zu einer Optimierung (Kopfhöhen, Sichtbezüge) des Theatersaals beigetragen hätten. Auch die Anzahl der ursprünglich geplanten Sitzplätze musste reduziert werden.

Nicht nur für die Denkmalpflege, sondern auch für die Stadt war es ein grosses Anliegen, die bedeutende Geometrie des Saales mit der Holzkonstruktion der Zuschauerränge sowie die prächtigen Dekorationsmalereien zu erhalten. Eine Neuplanung des Saals wurde notwendig, dies wirkte sich auf den schon knappen Terminplan und auf die Kosten aus. 2013 hat der Gemeinderat zugestimmt, das Stadttheater unter kantonalen Denkmalschutz zu stellen. Somit wurde es in das Verzeichnis der geschützten historischen Kulturdenkmäler des Kantons Solothurn eingetragen.

Die Realisierung erfolgte in weniger als zwei Jahren

Stand die Planung ganz im Zeichen der Konsensfindung, so stand im Gegenzug dazu die Bauphase als umsetzungsorientierter Prozess im Fokus des plankonformen, terminlichen, vertraglichen und technischen Vollzugs. Baubeginn war, wie geplant, der 17. Juni 2013. Der Terminplan sah 17 Monate Bauzeit vor, damit die ausgelagerte Fortführung des Theaterbetriebes auf eineinhalb Spielsaisons beschränkt bleiben konnte. Dieser Zeitrahmen war für die Realisierung eines Bauwerks mit dieser Komplexität sehr knapp, mussten doch vier Gebäudeteile mit

Spitzarbeiten bei den alten Stützenfundamenten im Theatersaal. Sämtliche Fundamente mussten erneuert werden.

Freistehende Nordfassade des Administrationsgebäudes nach Abbruch der alten Holzbalkendecken.

unterschiedlichen Eingriffstiefen in unterschiedlich guten Bausubstanzen inmitten einer kleingliedrigen Altstadt fast vollständig umgebaut werden.

Als eine der ersten Bauarbeiten erfolgten Injektionen im Fundationsbereich, um diesen zu verstärken und die Tragsicherheit zu erhöhen. Ab Juni 2013 führten kantonale Archäologen während dreier Monate Grabungen durch. Zeitgleich wurde in den oberen Geschossen des Stadttheaters abgebrochen, es wurden neue Verbunddecken über dem Saal eingebaut und mit den Ausbauarbeiten begonnen. Eine provisorische Arbeitsdecke diente dazu, dass parallel Arbeiten im Saal wie in den oberen Geschossen ausgeführt werden konnten.

Die Bauarbeiten erfolgten in vier auf die Gebäudeteile abgestimmten Etappen. In den Gebäudeteilen «Haus Krieg» und Administration war die Bausubstanz wesentlich schlechter als angenommen. In der Administration mussten sämtliche Decken durch eine neue Hohlkörperdecke ersetzt werden. Mehrleistungen waren vor allem im Bereich Baumeister- und Zimmermannsarbeiten erforderlich. Abweichungen vom geplanten Bauablauf waren immer wieder nötig, so war zum Beispiel wesentlich mehr Abbruch nötig als vorgesehen, die Trocknungszeit der Unterlagsböden war länger als geplant, und das Einbringen der Brüstungsmalereien musste mehrmals verschoben werden. Das Planungsteam agierte sehr flexibel und effizient bei Umplanungen. Durch die grosse Erfahrung der Bauleitung konnten die Einsätze der Unternehmer laufend so aufeinander abgestimmt werden, dass der geplante Fertigstellungstermin November 2014 wurde. Das Führen dieser Baustelle erforderte hohe Kompetenzen, da dieses Umbauprojekt unter hohem Zeit- und Kostendruck mit stetig nötigen Anpassungen sehr anspruchsvoll war.

Zusammenarbeit mit Planern hat die Zufriedenheit der Betreiber sichergestellt

Planungs- und Realisierungsphasen erfolgten unter Einbezug der Theaterbetreiber. Während der Planungsphase fanden regelmässige intensive Sitzungen zwischen Nutzern/Planern und dem Gesamtprojektleiter statt. Wichtig und gut war, dass sich die Planer in die betrieblichen Abläufe eines Theaters einlebten, die Abläufe verstanden und Optimierungen einbrachten. Grundlegend war ebenfalls die konstruktive, offene und direkte Gesprächskultur, damit die Planer die funktionalen Anforderungen architektonisch umsetzen konnten. In der Bauphase vertraten der Direktor des Stadttheaters und der Direktor Bühnentechnik die Theaterbetreiber. Diese Zusammenarbeit mit den Nutzern war in dieser Phase noch direkter und führte zu noch kürzeren Entscheidungswegen.

Auch der Zeitgeist stellt Ansprüche an das Bauen

In einem Buch, das den Anspruch hat, dieses Bauprojekt auch für zukünftige Generationen zu dokumentieren, seien an dieser Stelle auch den Zeitgeist des Bauens charakterisierende Elemente erlaubt. Die aktive und passive Kommunikation über das Projekt wurde zu einem ressourcenintensiven Teil des Projektmanagements, den das Stadtbauamt unterschätzte. Die Medien zeigten einerseits permanenten Ereignishunger, vor allem an unvorhergesehenen Entwicklungen, und wurden andererseits als wertvoller Dokumentator von Stimmungen und Meinungen quasi zum Schattenmitglied der Projektorganisation. Die Medien boten Raum für Information, Emotionalisierung, Identitätsstiftung, Herstellung von Verbundenheit, wurden aber auch zur Plattform der ungehörten Experten.

Das Projekt führte zu einem für die Stadt neuen Phänomen: «Bauen als Unterhaltung und Event – die Baustelle als Eventbühne». Vereine und Interessengruppen, Fachgremien, Hochschulen, Parteien (auch für ihre eigene Öffentlichkeitsarbeit) zeigten grosses Interesse. Das Stadtbauamt führte auf Anfrage von Interessenten zirka 30 unentgeltliche Baustellenbesichtigungen und Projektführungen durch, die auf sehr positives Echo stiessen. Anfragen zur Durchführung von Geburtstags- und Privatveranstaltungen wies das Stadtbauamt aus Mangel an Zuständigkeit ab.

Besondere Herausforderungen stellte die Baustelle im Zentrum des Lebens der Stadt dar, die minimalinvasive Logistik, geringstmögliche Einschränkung der Anlieger (Geschäftsstörungen, Fussgängerverkehr, Zufahrt, Lärmemissionen) und vor allem Baustellensicherheit forderten.

Das Projekt hat grosse Bedeutung für alle Beteiligten

Dieses für die meisten Beteiligten einmalige berufliche Projekt hatte für viele Prototyp- und Referenzcharakter. Es hat den Erwartungsdruck, unter dem die meisten standen, durch den Stolz auf das Ergebnis und die Freude am Entstandenen mehr als reichlich entlohnt.

Seitens der Bauherrschaft spricht das Stadtbauamt dem Gesamtplanungsteam, den projektverantwortlichen Personen des Theaters, allen projektbeteiligten Unternehmern und Behörden Dank und Anerkennung für deren grosse Einsätze aus, welche zum erfolgreichen Abschluss dieses Meilensteinprojekts für Solothurn geführt haben.

Dem Stadttheater wünschen wir nicht nur, dass es das Ende der Baugeschichte, an dem wir oft zu stehen glauben, lange überdauert, sondern dass es seinen Bestimmungszweck über Generationen vollumfänglich erfüllt.

Blick vom St.-Ursen-Turm
auf das Stadttheater.

Vielhäuserhaus

Das Stadttheater dehnte sich seit dem frühen 17. Jahrhundert sukzessive von einem Gebäude mit direktem Eingang in den Theatersaal auf über fünf Altstadthäuser aus. Die ursprünglichen Gebäudestrukturen wurden im Laufe der letzten Jahrhunderte im Rahmen von diversen Eingriffen den jeweiligen Nutzerbedürfnissen angepasst. Die einzelnen Häuser sind heute nach wie vor in ihrer Gebäudestruktur sowie Fassadengestaltung ablesbar. Im Rahmen der Umbauarbeiten wurden diese in ihrer Eigenheit gestärkt und funktional zu einer Einheit verflochten.

Die Fassaden des Theaterhauptgebäudes mit Foyer und Administrationsgebäude wurden sanft saniert. Risse und Beschädigungen wurden geschlossen, Unebenheiten belassen und mit Kalkschlemme beschichtet. Im Sockelgeschoss der Südfassade wurden die alte Fluchttreppe entfernt, der neue Eingang ins Foyer eingeschnitten und im Rhythmus der oberen Fenster grossflächige Vitrinen entlang der Fischergasse angebracht. Der neue repräsentative Zugang sowie das Theatercafé im «Haus Krieg» beleben die Fischergasse und verleihen dem Theater eine prominente, öffentliche Präsenz an der Aareseite.

Die Aussenhülle des «Haus Krieg» musste – mit Ausnahme der massiven Erdgeschosswände aus Naturstein – komplett ersetzt werden. Ausgehend von der Gliederung und Gestaltung der alten Struktur, wurde eine neue, zeitgemässe Holzfassade komponiert.

Situation Altstadt Solothurn
2014.

Nordfassade

Südfassade

Längsschnitt durch die fünf Häuser (v.l.n.r. Administration, Bühne, Saal, Foyer und «Haus Krieg»).

«Haus Krieg» um 1900.

«Haus Krieg» vor dem Umbau 2012.
Das Gebäude wurde zur Zwischennutzung
vom Theater als Kulissenlager genutzt.

Blick in die Fischergasse mit der neu
gestalteten Holzfassade des «Haus Krieg» im
Vordergrund. Im Erdgeschoss öffnen
sich Theatercafé und Foyer mit grosszügigen
Eingängen und Fensteröffnungen zur
Fischergasse.

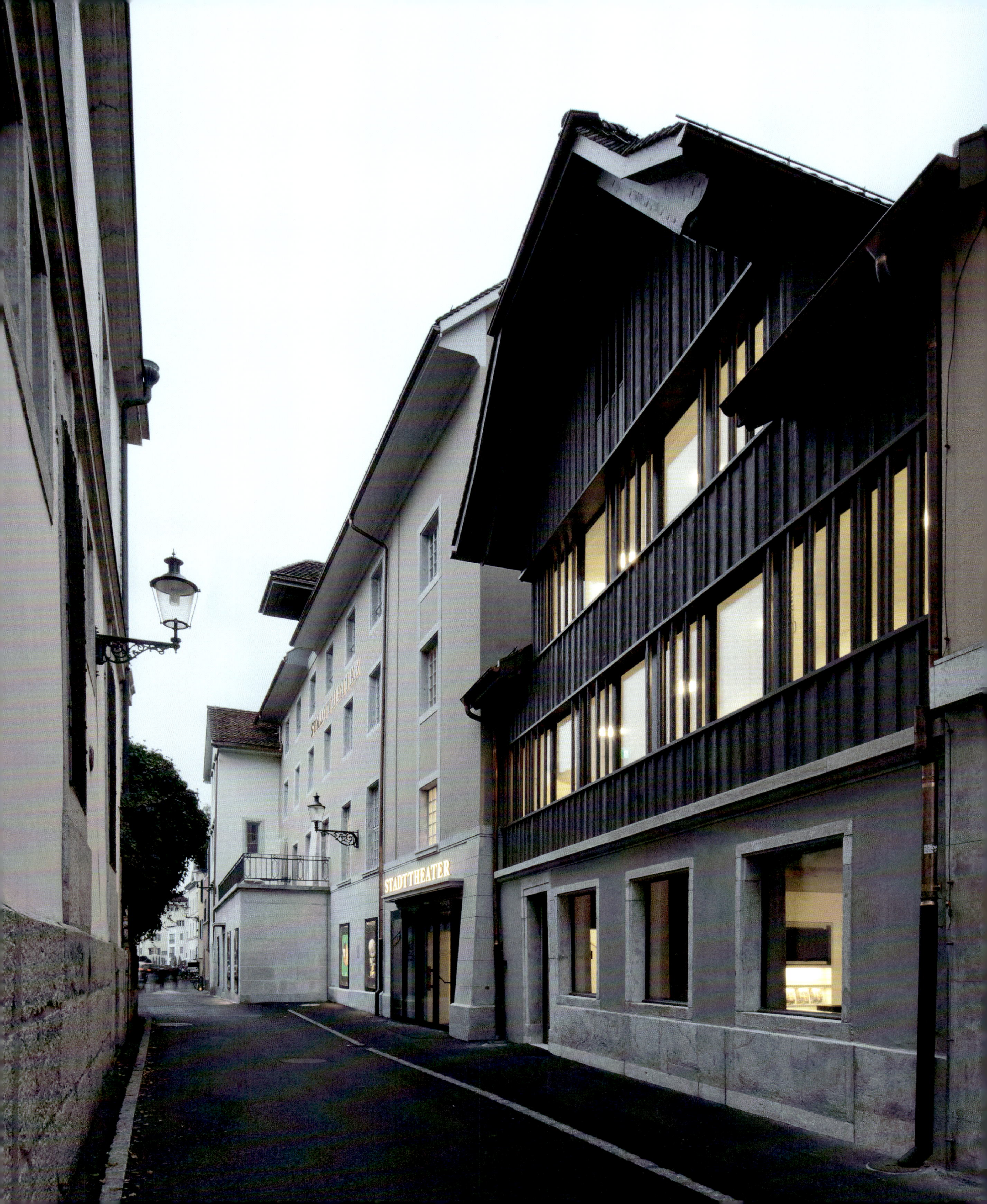
STADTTHEATER
STADTTHEATER

Theatergasse um 1920 mit Blick auf die Nordfassade des Stadttheaters. Der vorgelagerte Balkon wurde im Rahmen des Umbaus 1936 abgebrochen.

Zustand der Südfassade mit eingeschossigem Anbau vor dem Umbau 2012.

Haupteingang Theatergasse mit Blick durch das neue Foyer in die gegenüberliegende Fischergasse.

Nächste Seite: Blick in die Theatergasse mit sanierter Nordfassade.

STADTTHEATER

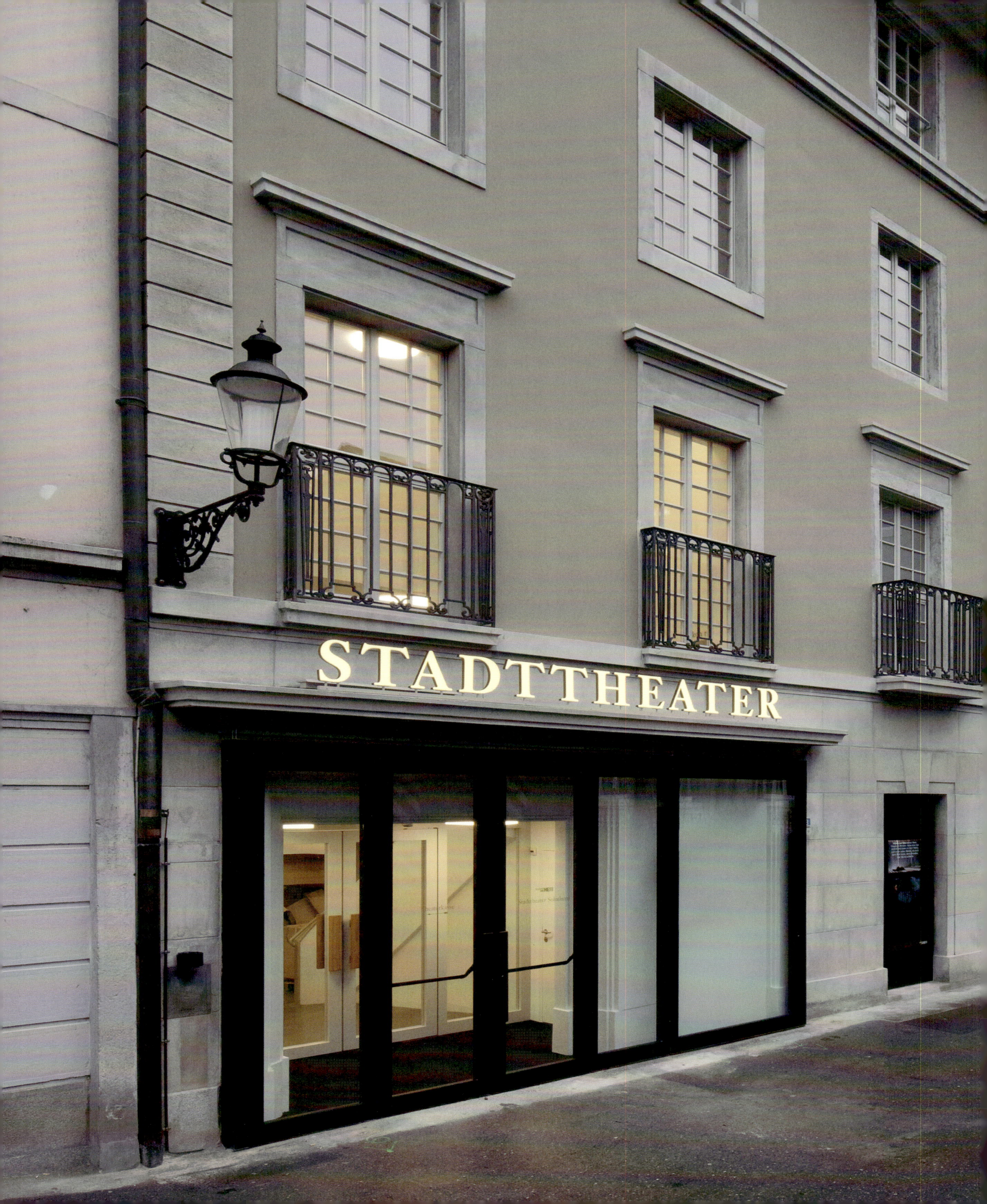
STADTTHEATER

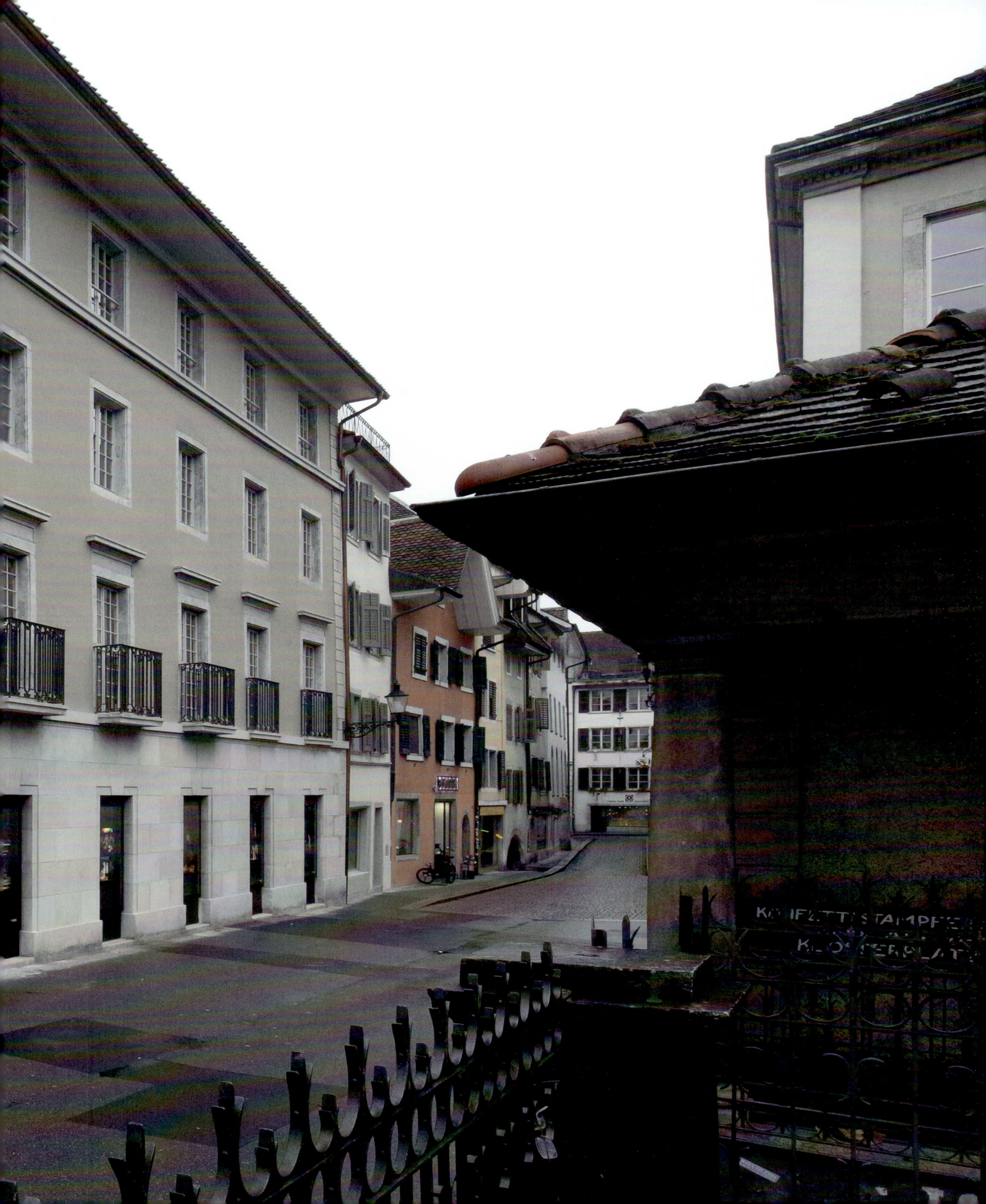

Foyer mit Treppenskulptur
und Galeriesituation.

Bühne der Zuschauer

Das Foyer öffnet sich neu zweiseitig sowohl zur Theater- als auch zur Fischergasse und bildet eine «innere Gasse» zwischen den beiden Strassenräumen. Damit kann das Theater gegen aussen ädaquat wahrgenommen werden und erhält mehr Öffentlichkeit.

Eine grosszügige, gewendelte Erschliessungsskulptur führt die «innere Gasse» weiter und verbindet die drei Geschosse im Foyer untereinander. Die daraus resultierende Raumfigur prägt die Erscheinung des Foyers. Die grosszügigen Öffnungen über mehrere Geschosse erzeugen abwechslungsreiche Sichtbezüge und bieten den Besuchern eine angemessene «Bühne der Zuschauer». Hier kann das «Sehen und gesehen werden» ausgiebig zelebriert werden.

Als räumliche und funktionale Erweiterung des Foyers werden im «Haus Krieg» etliche öffentliche Nutzungen schlüssig angeordnet. Im Eingangsniveau wurden das Café mit integrierter Theaterkasse, im Zwischengeschoss die bedienten Zuschauergarderoben und im ersten Obergeschoss die Toilettenanlage eingepasst. Diese Räume werden über die neue Treppenanlage im Rundlauf über das Foyer erschlossen. Ein fein geschliffener Terrazzo findet als Bodenbelag in allen öffentlichen Räumen des Foyers seine Verwendung und soll das Bild der öffentlichen, inneren Gasse stärken.

Die akzentuiert eingesetzte, goldfarbene Brüstung der Erschliessungsfigur unterstreicht das festliche Ambiente des Theaters und überträgt die goldenen Verzierungen der Brüstungsmalereien im Theatersaal aufs Foyer.

Foyer vor dem Umbau 2013.

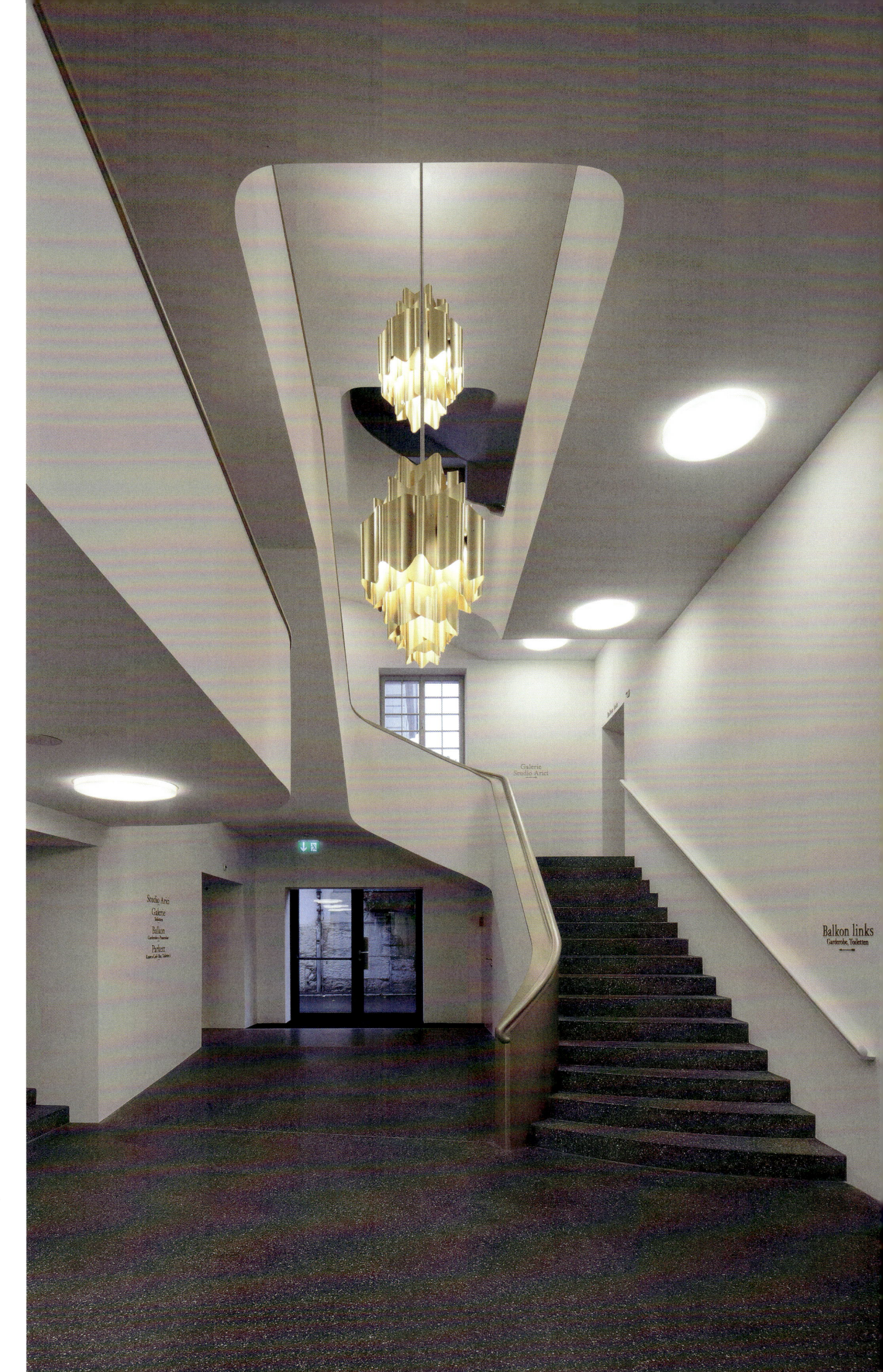

Foyer nach dem Umbau mit neuem Ausgang zur Seite Fischergasse und Verbindungen zum «Haus Krieg» sowie mit den grosszügigen Sichtbezügen in die oberen Geschosse.

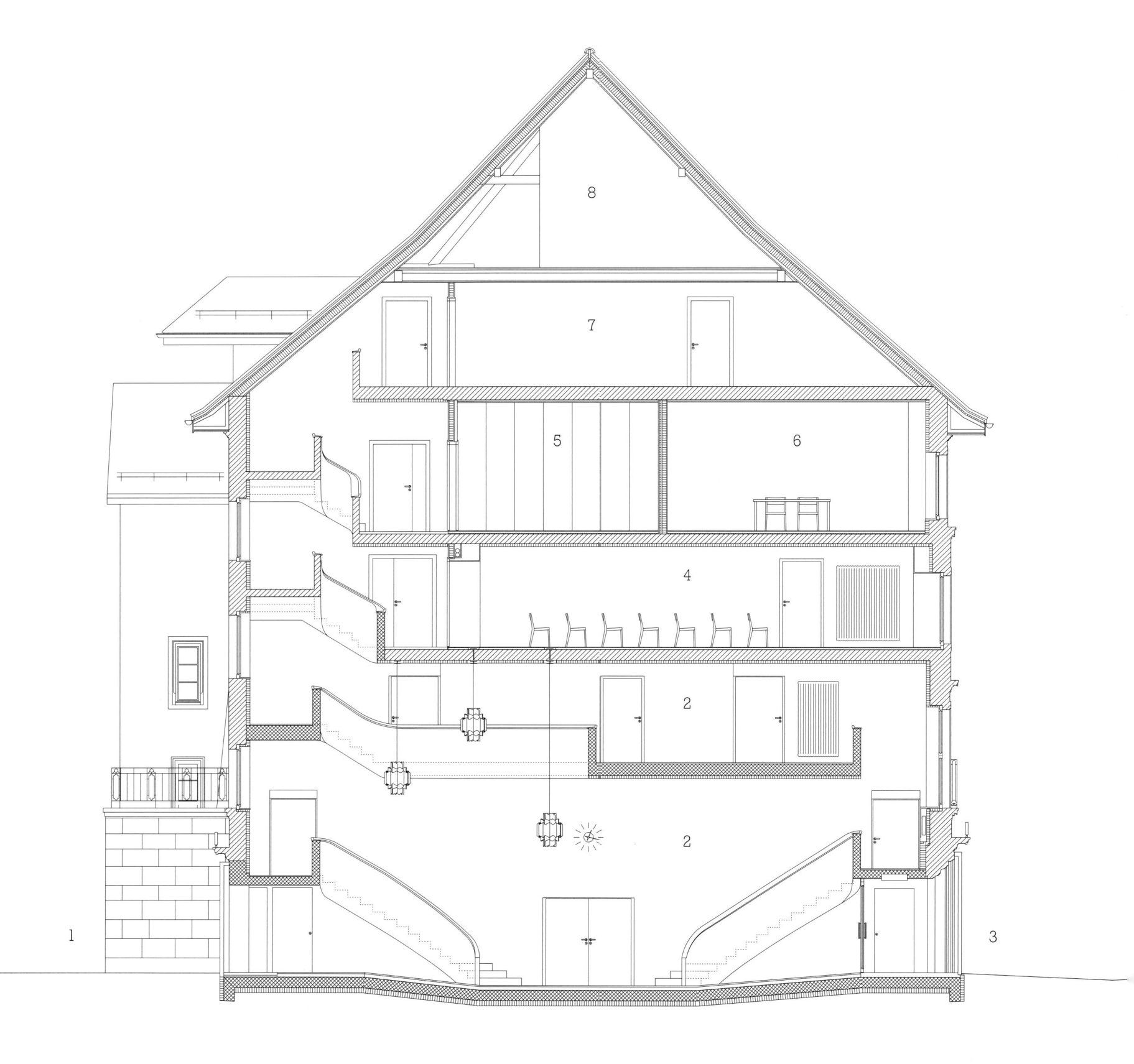

1 Fischergasse
2 Foyer
3 Theatergasse
4 Studio Arici
5 Tonstudio
6 Konferenzraum
7 Fundus
8 Technik

Querschnitt durch das Foyer.

Baustellenfoto während der Gipserarbeiten im Foyer.

Nächste Seite: Das Foyer als öffentliche Begegnungszone.

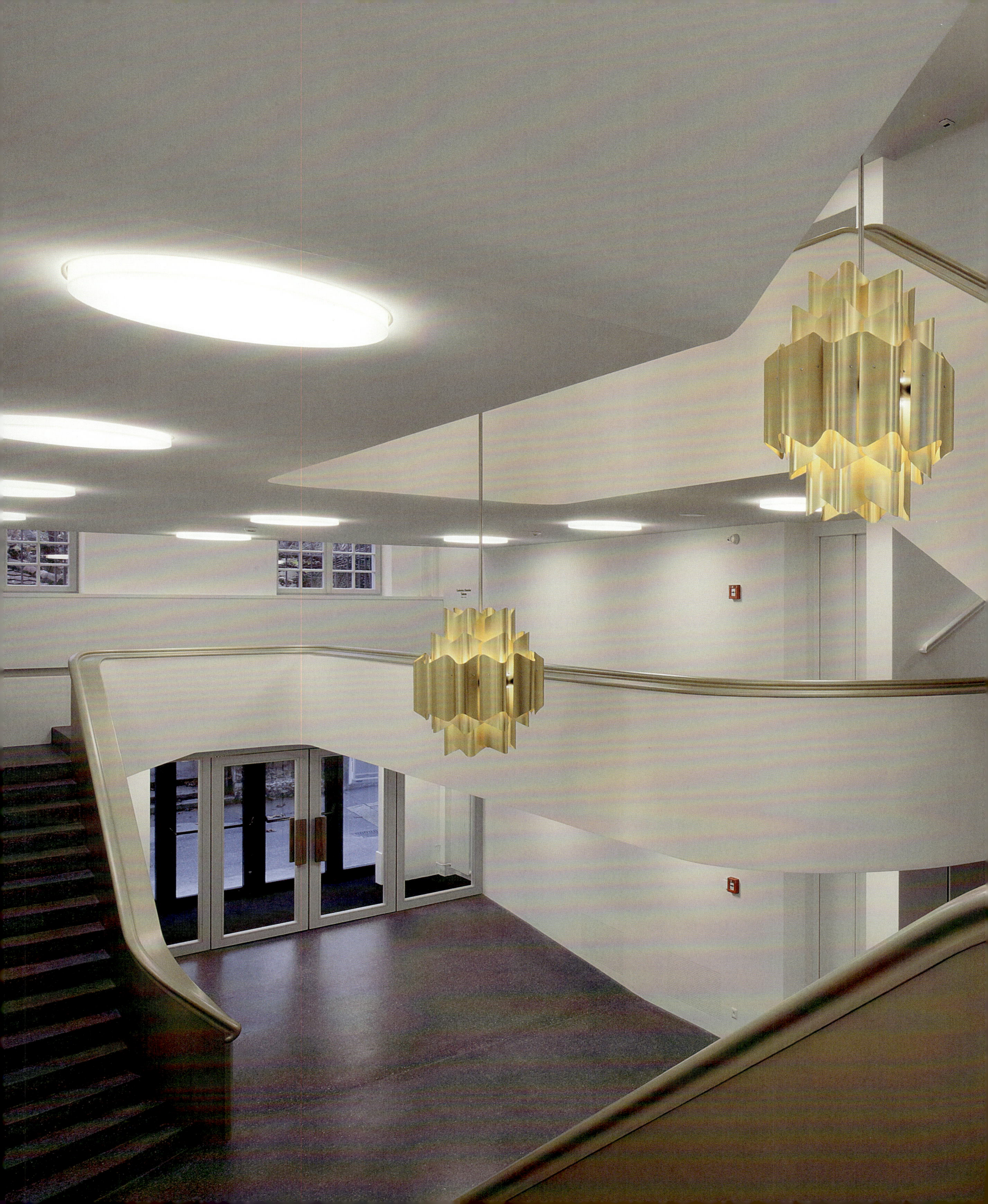

Garderobe
Pausenbar

Abbrucharbeiten im Foyer mit Sicherungen für den neuen Lifteinbau und die neuen Wanddurchbrüche zwischen Foyer und «Haus Krieg».

Foyer nach den Abbrucharbeiten. Der neue Liftschacht rechts im «Haus Krieg» ist betoniert. Links im Bild der Saaleingang.

Die neuen Stahlbetontreppen im Foyer
nach Fertigstellung des Rohbaus.

Blick aus dem Foyer in das zukünftige
Café Haus Krieg während des Ausbaus.

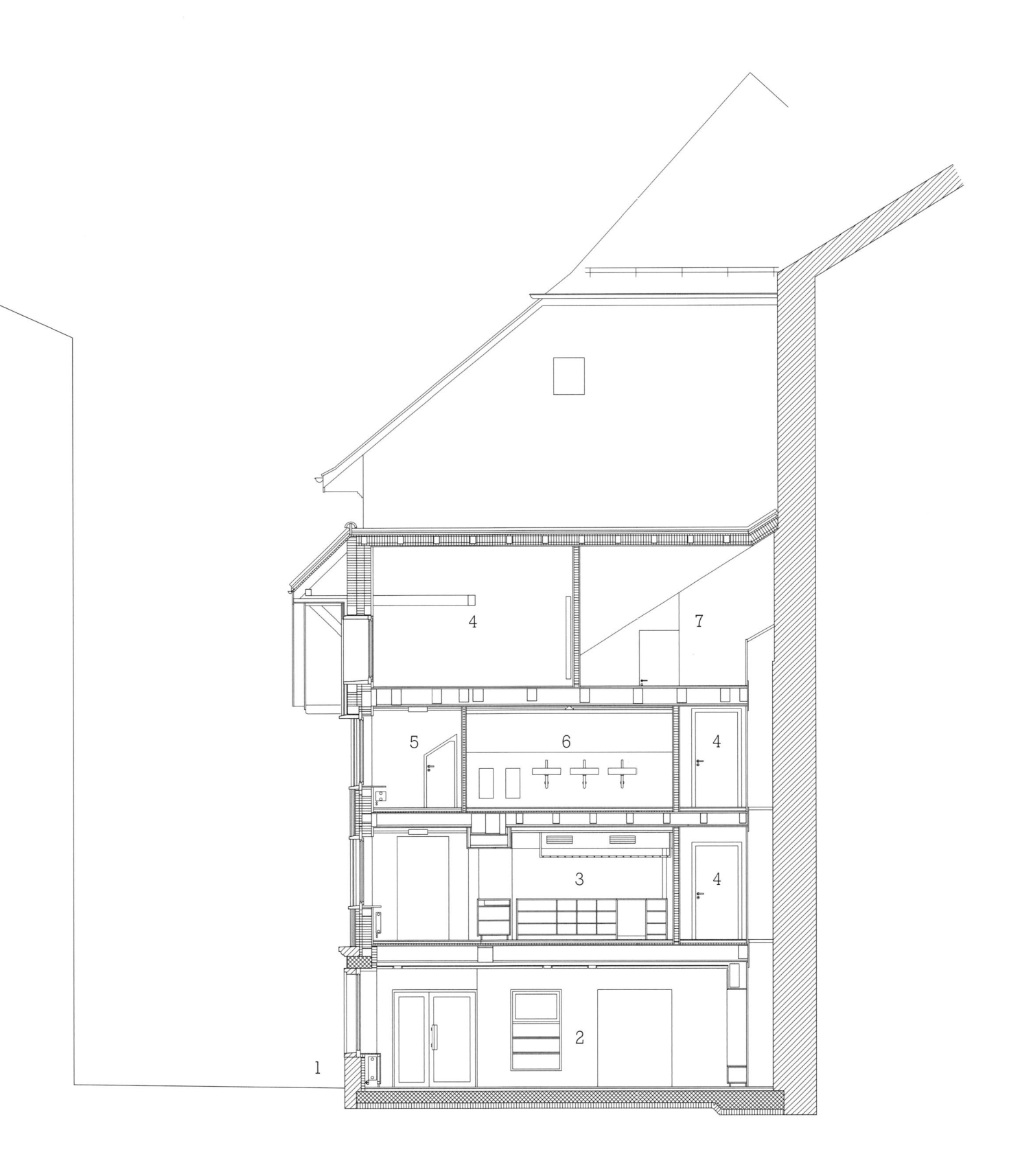

1 Fischergasse
2 Bar Café
3 Besuchergarderobe
4 Lager
5 Vorraum
6 Toiletten
7 Technik

Querschnitt «Haus Krieg».

Oben: Die bediente Garderobe im «Haus Krieg» mit Blick in die Fischergasse.

Unten: Die alten Fassadenfragmente im «Haus Krieg» wurden mit Chromstahlbändern gesichert und anschliessend verkleidet. Der grösste Teil der alten Holzbalkendecke musste aufgrund des schlechten Zustands ersetzt werden.

Aufgang in die zweite Zuschauergalerie.

Rechts: Neues Café im Erdgeschoss «Haus Krieg».

Nächste Seite: Blick vom Foyer in den restaurierten Theatersaal.

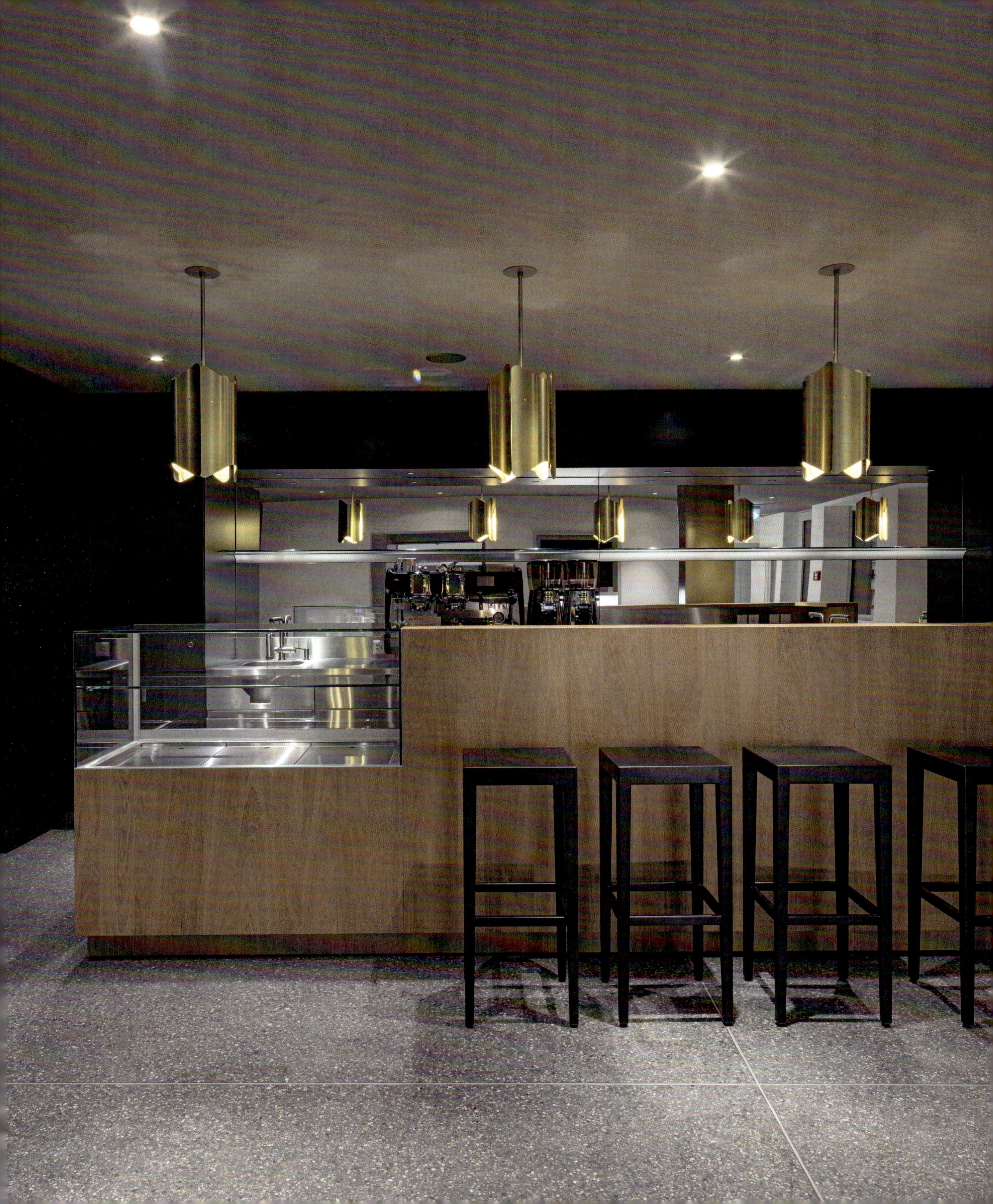

Balkon links
Garderobe, Toiletten
←

Balkon rechts →

Vorhang auf für den neuen Theatersaal.

Theatersaal

Die Typologie der Guckkastenbühne, die bestehende Geometrie der Galerien sowie die entdeckten barock-klassizistischen Malereien der Brüstungsbretter waren massgebend und Ausgangspunkt für die Neugestaltung des Theatersaals. Der ganze Saalausbau wie die Bestuhlung, die Beleuchtung, sämtliche Abschlüsse der Brüstungen, das Portal, die Deckenausbildung sowie die akustisch wirksamen Saalrückwände wurden exklusiv für den Theatersaal in Solothurn massgeschneidert entwickelt. Die neue Komposition des Theatersaals orientierte sich farblich an den restaurierten Brüstungsmalereien sowie formal an der bestehenden Geometrie der Guckkastenbühne.

Die alten Brüstungsbretter mit den aufgefundenen Malereien wurden zu Baubeginn vorsichtig demontiert und während der Bauarbeiten im Atelier sorgfältig und fachgerecht restauriert.

Der Saal wurde bis auf die primäre Tragstruktur der originalen Holzbalken aus dem 17. Jahrhundert und der später hinzugefügten Gusseisenstützen aus dem 19. Jahrhundert behutsam rückgebaut. Die alte Tragstruktur der Galerien konnte als Ganzes übernommen werden. Nur bereichsweise wurde die Statik entsprechend der heute gültigen Normen verstärkt.

Der Bodenaufbau wurde inklusive der Bodenplatte aufgrund technischer Vorgaben neu erstellt. Die Saalzuluft wird über den neuen Zwischenboden, welcher als Druckboden ausgebildet wird, eingeblasen. Die alte Saaldecke wurde abgebrochen und die neue Decke aufgrund des zusätzlichen Platzbedarfs der Haustechnik angehoben erstellt. Im Zwischenraum der Saaldecke erfolgt die Leitungsführung für Saalabluft, Bühnentechnik und die sanitäre Erschliessung mittels schallgedämmter Rohre der darüberliegenden Garderoben.

Das bestehende, schwülstige Portal aus den 30er Jahren wurde rückgebaut und durch ein wohlproportioniertes, leicht abgerundetes Portal mit zurückhaltender Formensprache ersetzt, welches sich formal an der Gestaltung der Brüstungen des Theatersaals orientiert.

Die Portalöffnung konnte leicht vergrössert und die Portaltiefe gleichzeitig verkleinert werden. Damit konnte der nutzbare Bühnenraum für den Theaterbetrieb vergrössert werden.

Der neu komponierte «alte» Theatersaal erscheint als ausgewogenes, stimmiges Ganzes. Die wiederentdeckten, restaurierten Brüstungsmalereien verleihen der einzigartigen Stimmung der Guckkastenbühne einen zusätzlichen, unverwechselbaren Charme.

Nächste Seite: Theatersaal mit den restaurierten Brüstungsmalereien.

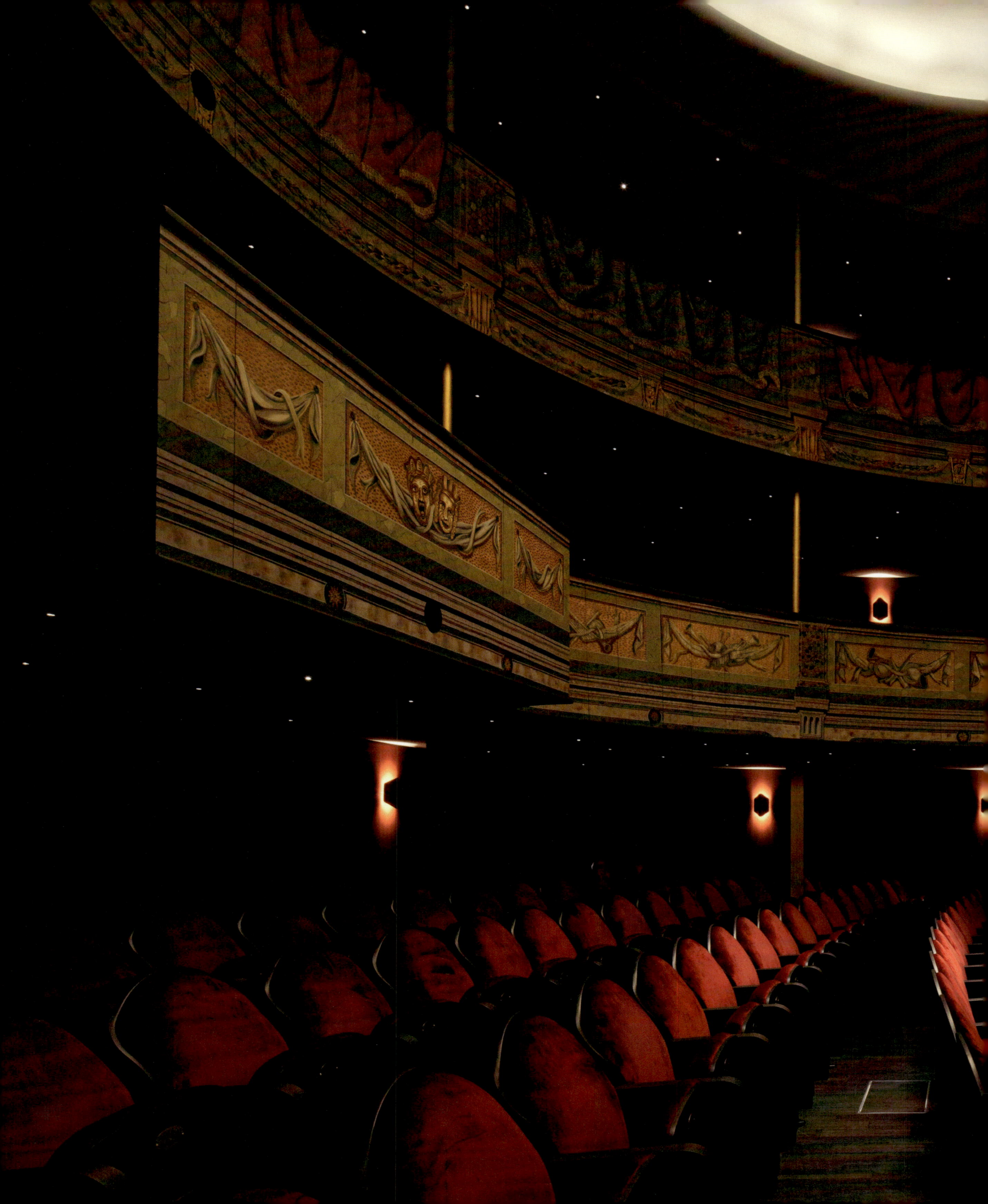

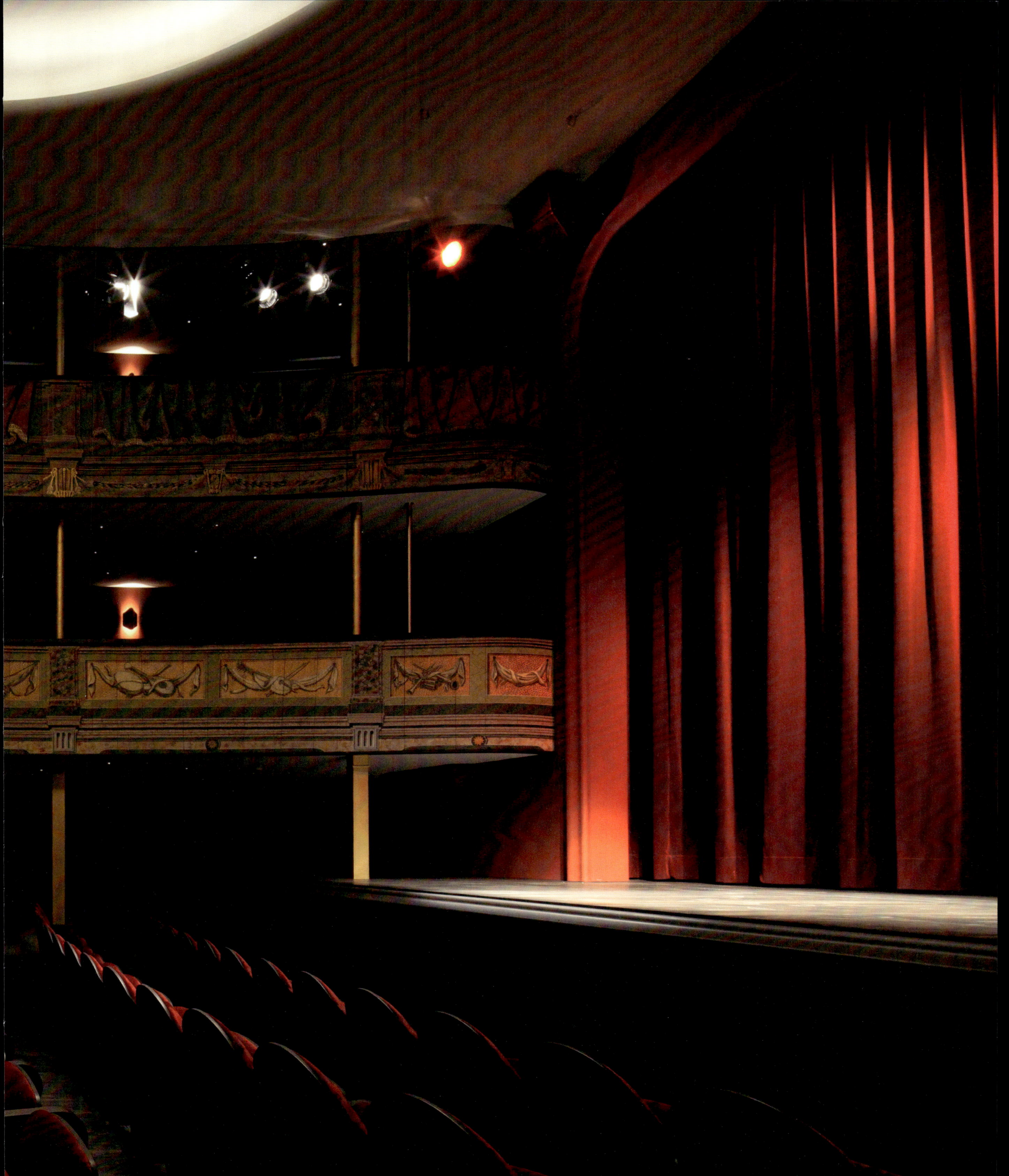

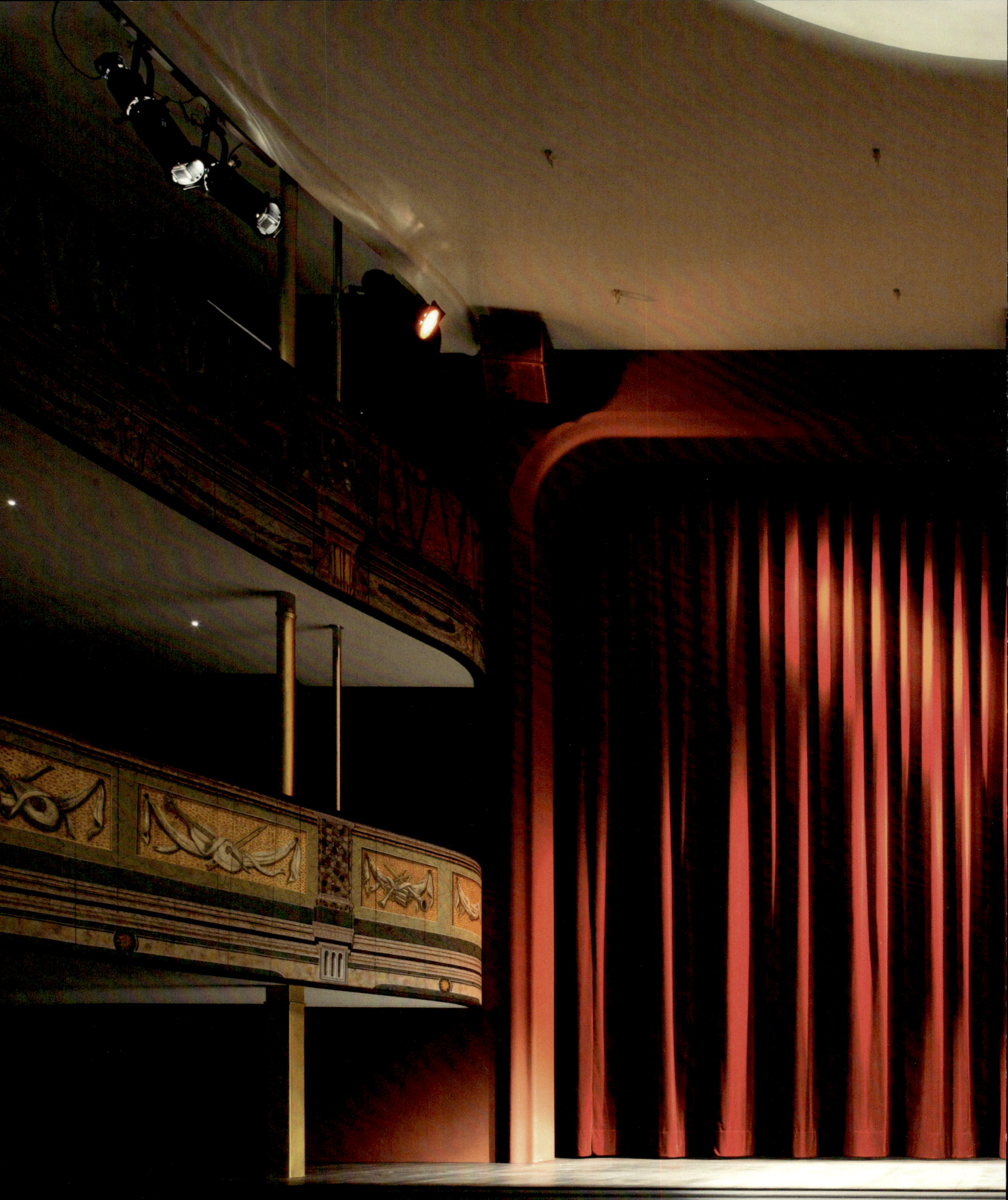

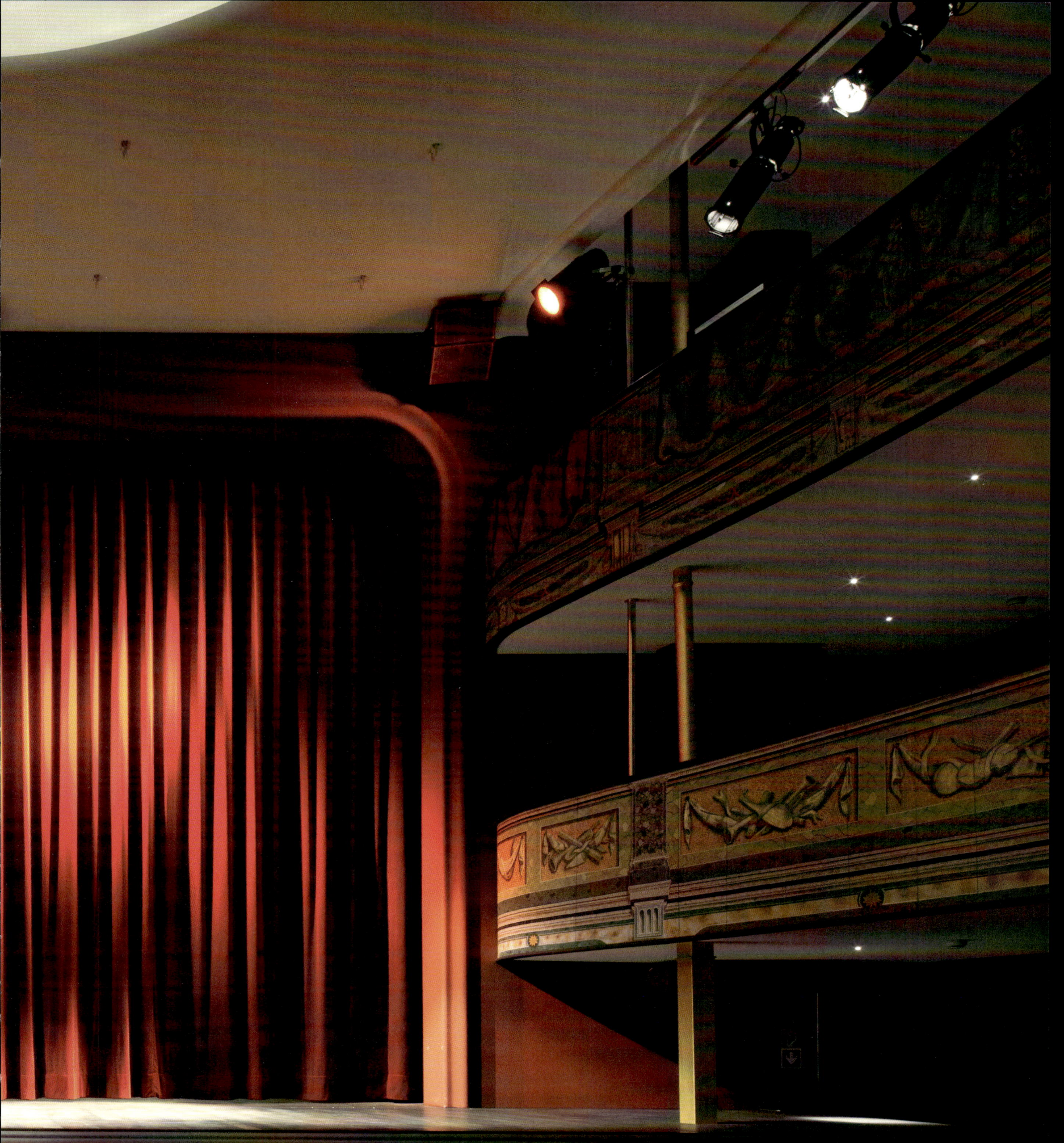

Vorherige Seite: Theatersaal mit dem neuen Portal.

Diese Seite: Längsschnitt durch den Theatersaal und den Bühnenturm.

Nächste Seite: Abbrucharbeiten im Theatersaal. Abbruch der alten Bodenplatte, Rückbau der alten Galerieeinbauten bis auf die Grundstruktur der Holzbalken, Bodenplattenersatz, neue Saaldecke mit Lichtvoute.

1 Treppenhaus Administration
2 Bühne mit Bühnenturm
3 Unterbühne
4 Orchestergraben
5 Theatersaal
6 Foyer
7 Regiekabine
8 Schauspielgarderoben
9 Schneiderei

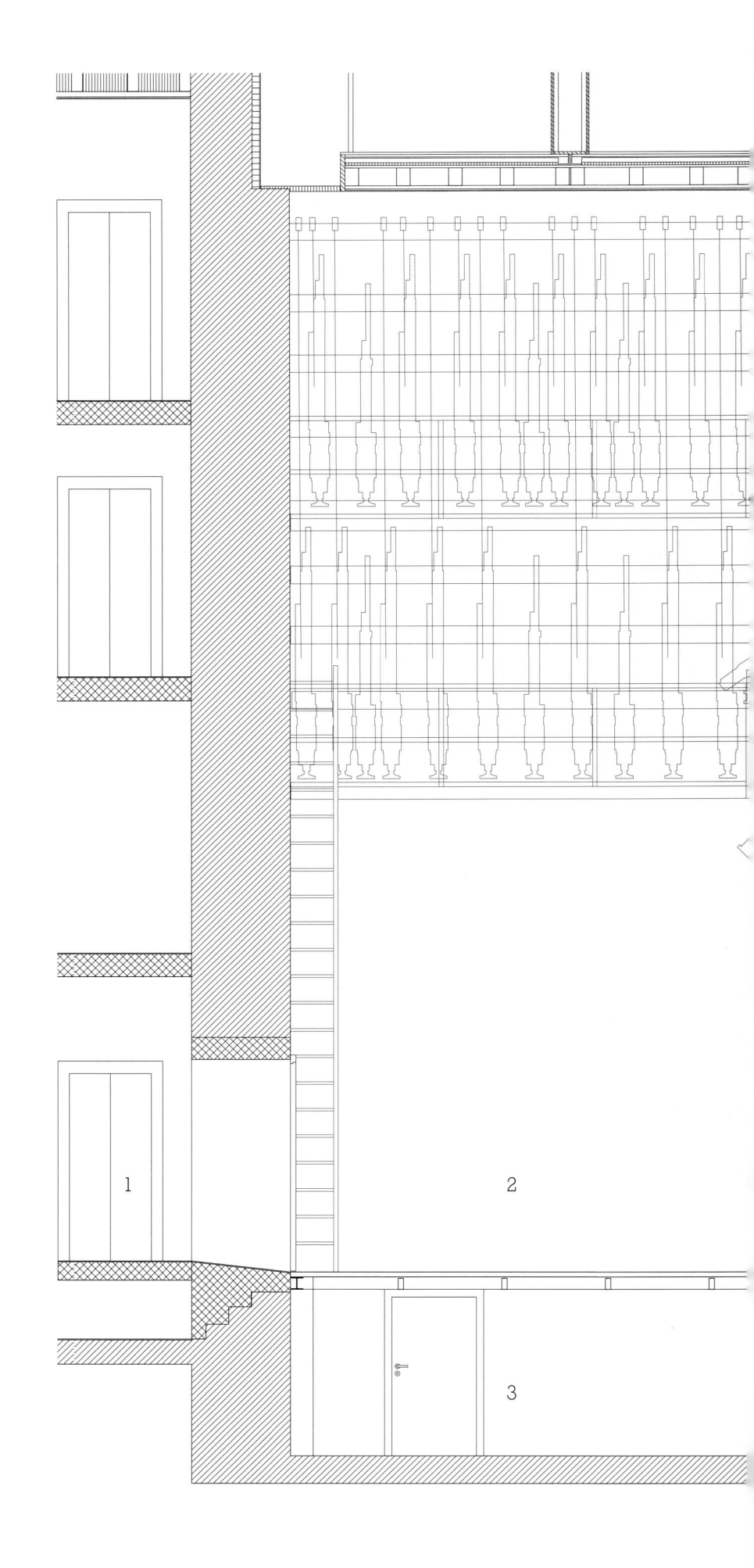

63

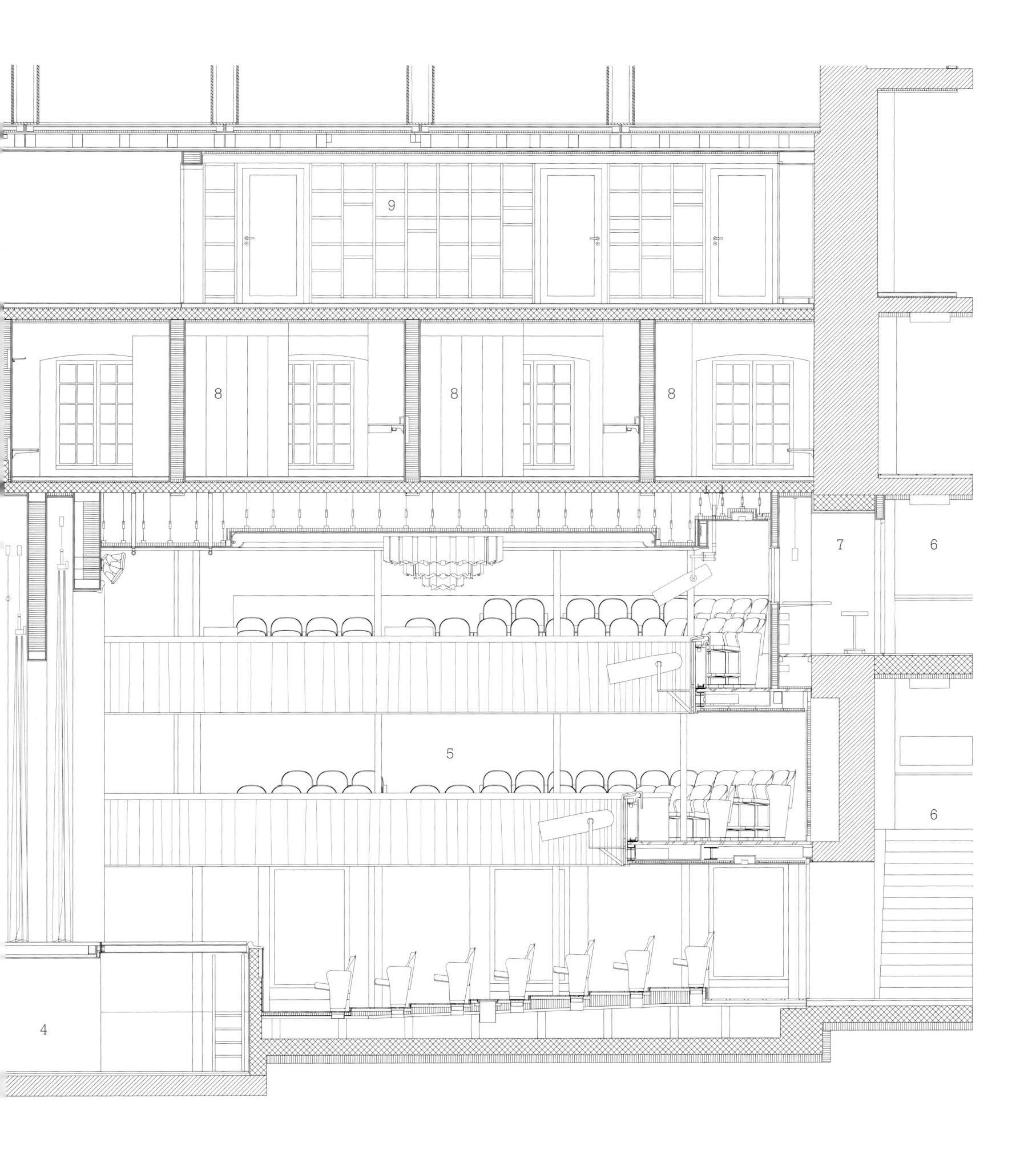

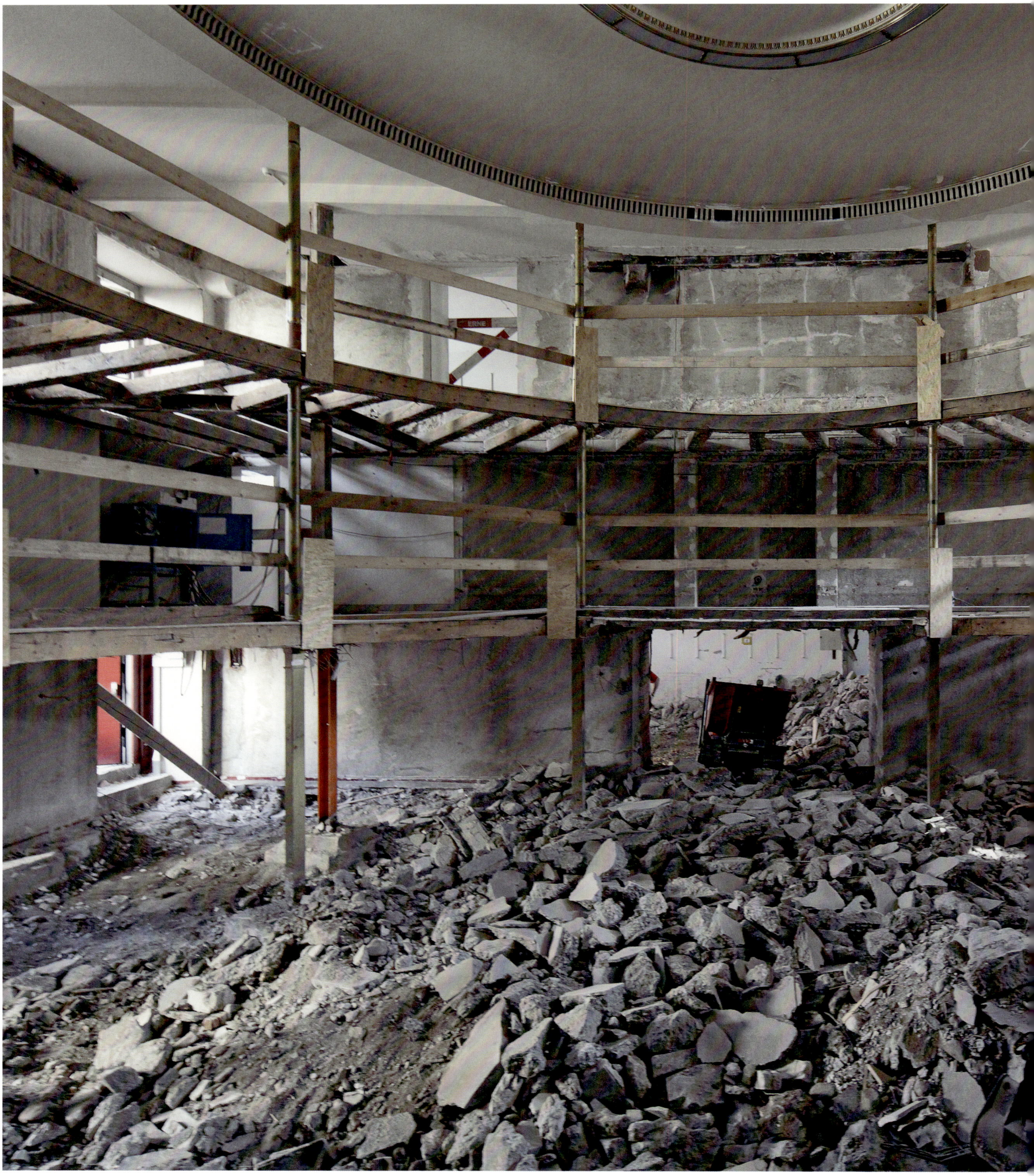

65

Stuhl Typ A   Stuhl Typ B   Stuhl Typ C

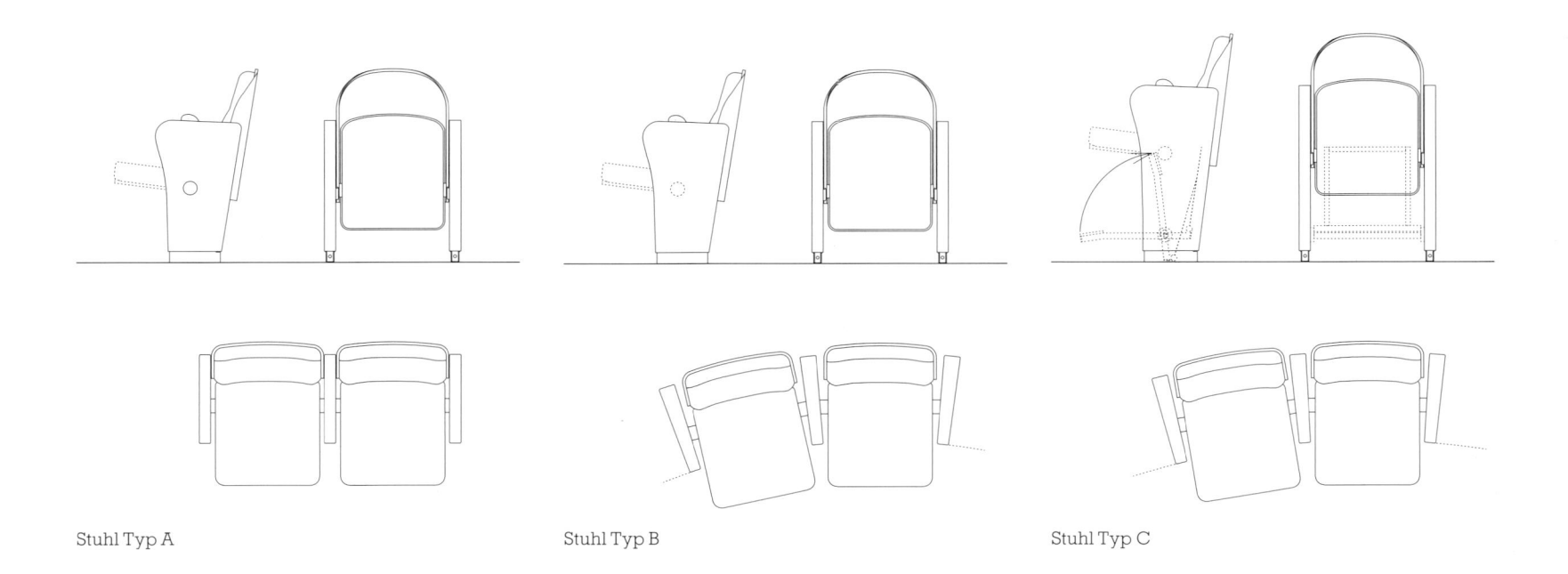

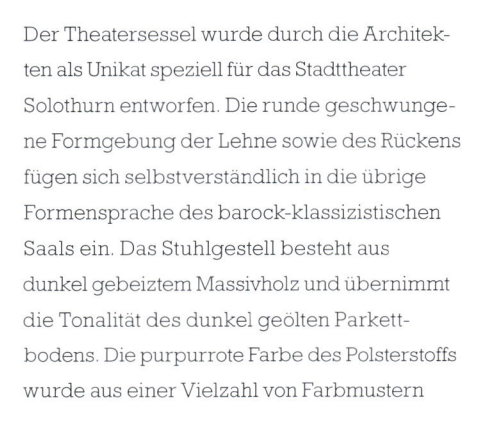

Der Theatersessel wurde durch die Architekten als Unikat speziell für das Stadttheater Solothurn entworfen. Die runde geschwungene Formgebung der Lehne sowie des Rückens fügen sich selbstverständlich in die übrige Formensprache des barock-klassizistischen Saals ein. Das Stuhlgestell besteht aus dunkel gebeiztem Massivholz und übernimmt die Tonalität des dunkel geölten Parkettbodens. Die purpurrote Farbe des Polsterstoffs wurde aus einer Vielzahl von Farbmustern ausgewählt und mit der lebendigen Farbigkeit der Brüstungsmalereien abgeglichen. Der Theatervorhang wurde mit dem gleichen Stoff und der identischen Farbigkeit ausgeführt. Der Theaterstuhl wird während der Bühnenproben zusätzlich akustisch aktiviert: Das mit Velours überzogene Sitzpolster simuliert akustisch einen sitzenden Menschen im Stuhl und schafft so eine durchgängige Akustik im Saal.

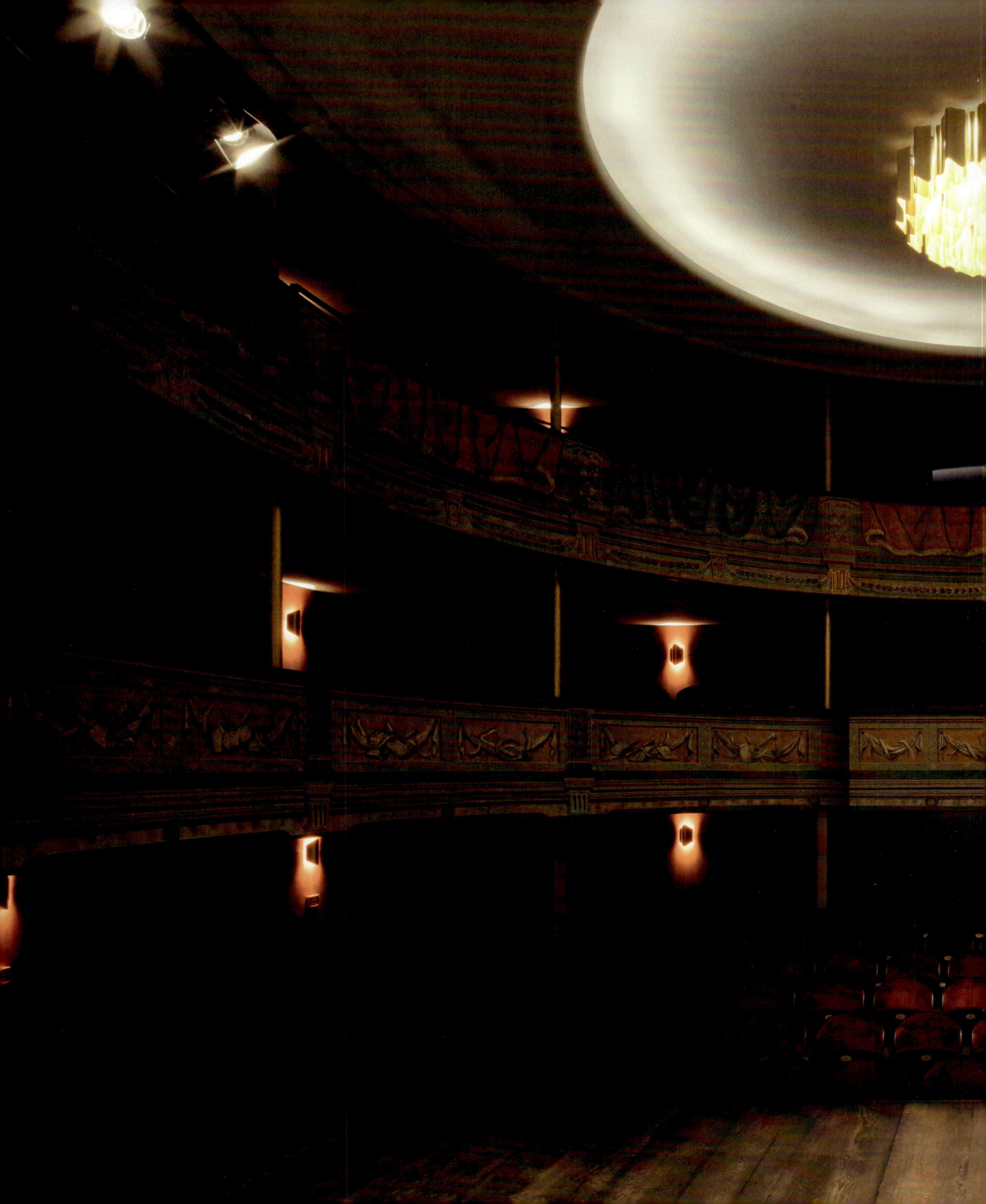

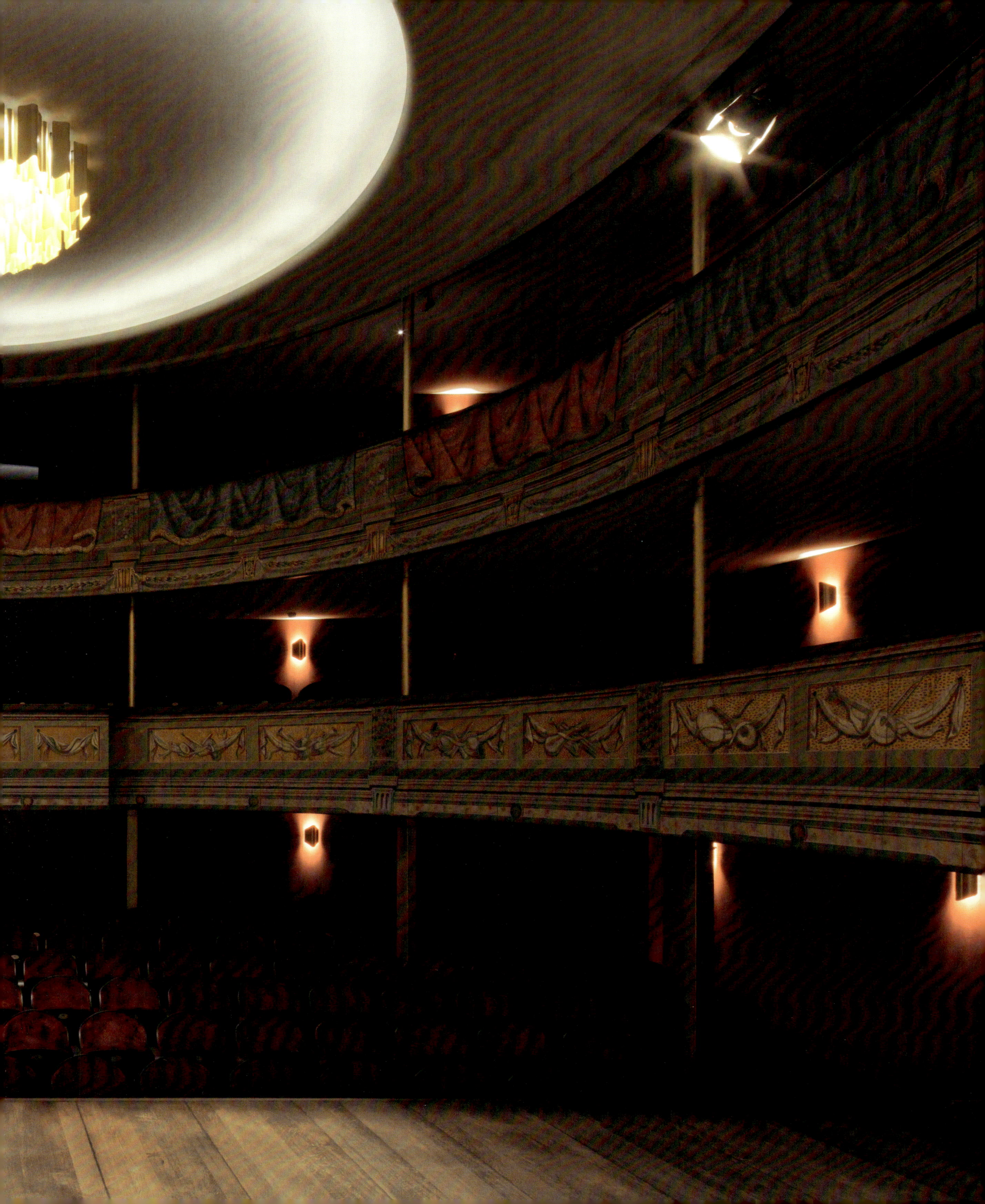

In intensiver und enger Zusammenarbeit mit dem Leuchtenproduzenten Neue Werkstatt haben die Architekten den neuen Kronleuchter für den Theatersaal sowie die daraus abgeleitete Leuchtenfamilie konzipiert. Formal orientieren sich die Elemente des Messingblechs an den Vorhängen der Brüstungsmalereien sowie dem Theatervorhang und werden so abstrahiert als Motiv umgesetzt. Aufbauend auf dem Element des gebogenen Messingblechs mit integrierter LED-Platine, wurden die Leuchten für den Saal, das Foyer sowie die Bar entwickelt.

Proportion, Formgebung und Wirkung wurden anhand von 1:1-Modellen aus Karton und Styropor sowie 3D-Visualisierungen akribisch überprüft und verfeinert.

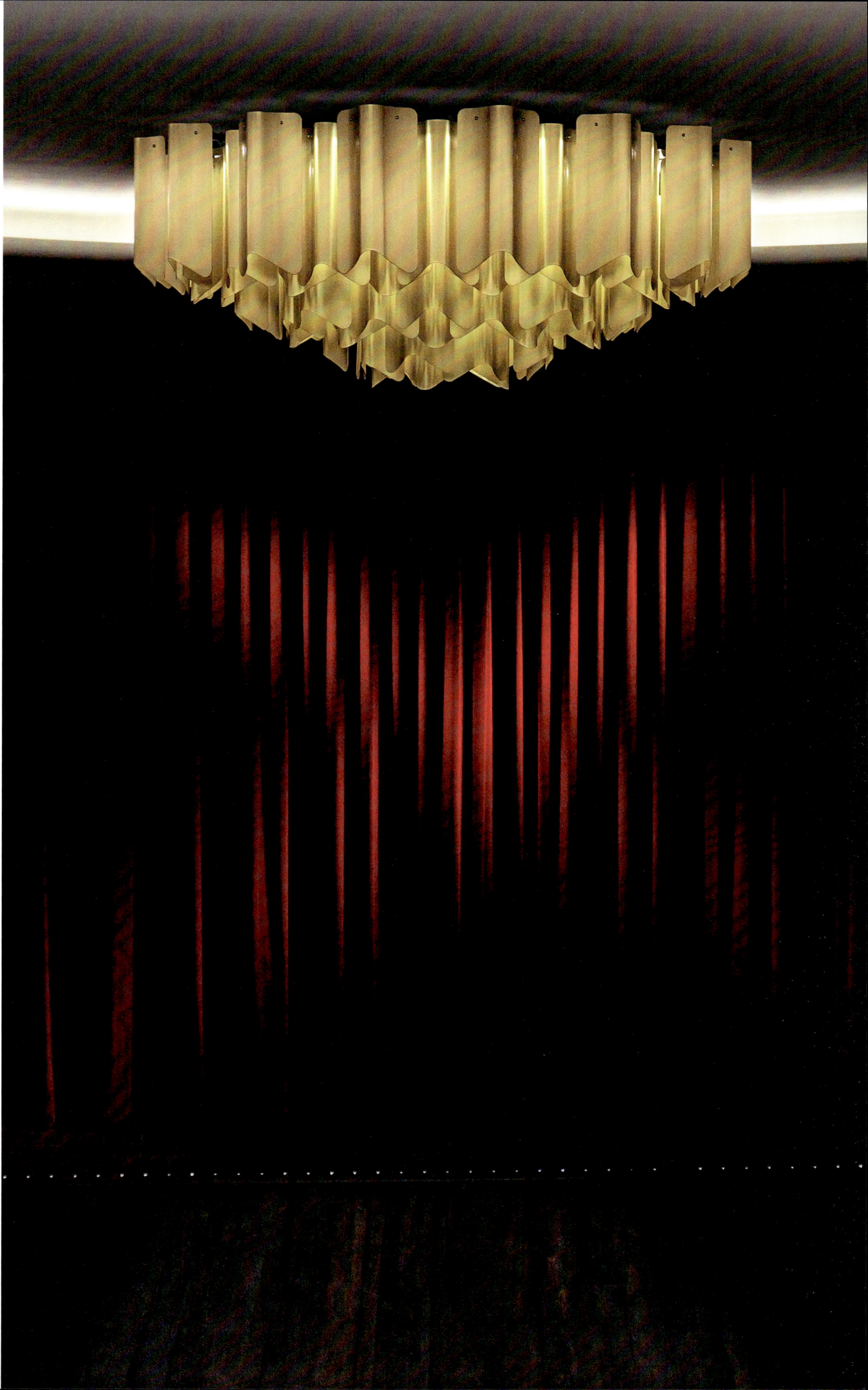

Oben: Grundriss und
Ansicht der Foyerleuchte.
Unten: Arbeitsmodelle
von der Foyerleuchte.

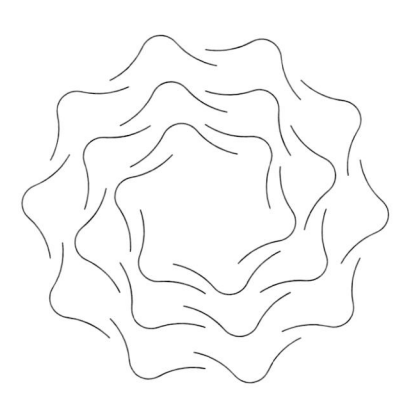

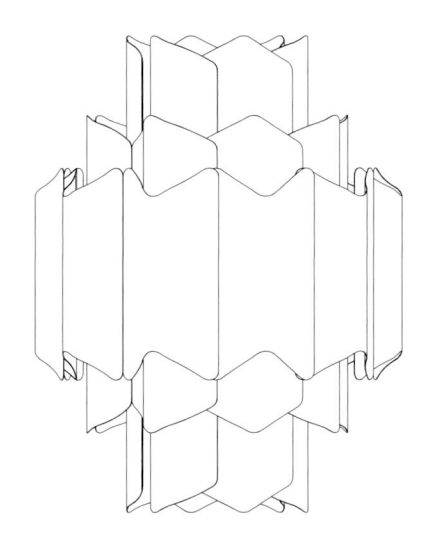

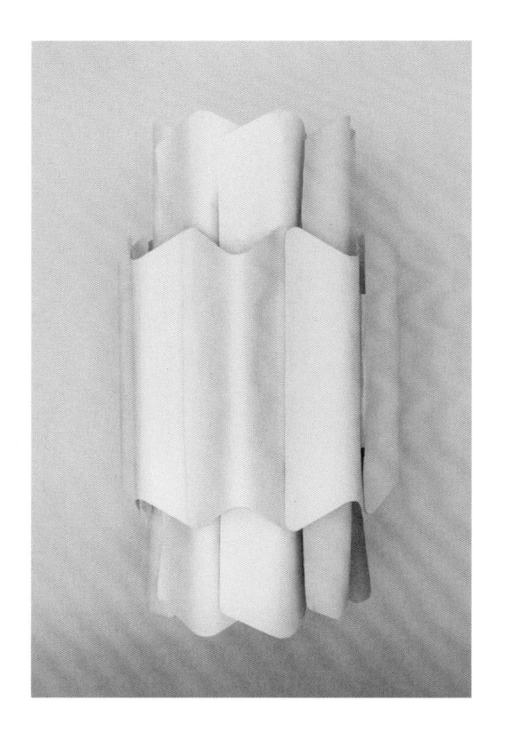

72

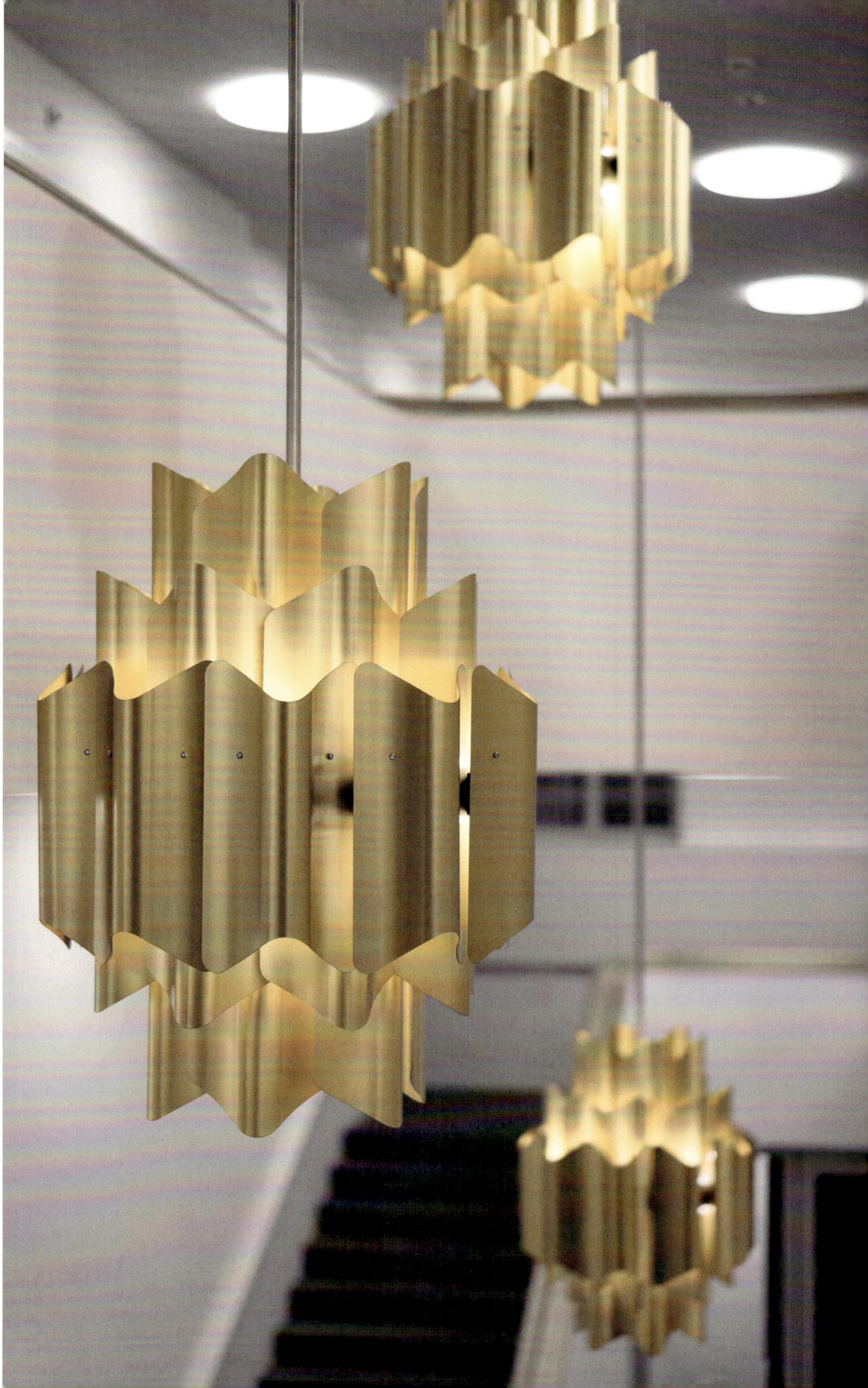

Bühnenraum mit motorisierten Bühnenzügen und neuen Arbeitsgalerien.

Hinter den Kulissen

Die für den reibungslosen Theaterbetrieb benötigten privaten Arbeits-, Neben- und Lagerräume wurden im heterogenen Raumgefüge funktional und betrieblich optimal neu angeordnet und über das neue Treppenhaus mit Warenlift im Administrationsgebäude erschlossen. Künstlergarderoben, Schneiderei und Fundus, welche über dem Theatersaal positioniert wurden, sind zu den Stockwerkniveaus des seitlich angeschlossenen Administrationsgebäude, um jeweils ein halbes Geschoss in der Höhe versetzt. Damit ein für den Betrieb erforderlicher, schwellenloser und behindertengerechter Zugang gewährleistet werden kann, werden diese Stockwerke über das Treppenpodest des Administrationsgebäudes mit dem Warenlift erschlossen.

Ein direkter und einfacher Umschlag der täglich zu transportierenden Kostüme und Requisiten wird mit der neuen Infrastuktur sichergestellt.

Die Materialisierung ist entsprechend der Funktion schlicht, robust und dennoch elegant gewählt. Ein fugenloser, strapazierfähiger, dunkler Gummigranulatbelag zieht sich über die gesamten Böden der rückwärtigen Räume des Theaters und bildet einen Kontrast zu den dezent weiss gehaltenen Wänden. Das feine hellgrau sämtlicher festen Holzeinbauten wie Schränke, Türen und Sockelleisten ergänzt die farbliche Komposition des Ausbaus.

Das flexible Mobiliar aus dunkel gebeiztem Schichtholz mit seiner schlichten, zeitlosen Formgebung vervollständigt die stimmige, elegante Gesamterscheinung und bietet einen angemessenen Rahmen für erfolgreiches Theaterschaffen.

Nächste Seite

Oben: Garderoben vor dem Umbau.

Mitte: Die Holzbalkendecken des alten Garderoben- und Schneidereigeschosses waren an Vollstahlzugstangen aufgehängt. Die Ausführung entsprach jedoch weder den statischen noch brandschutztechnischen Vorgaben.

Unten: Die neuen raumhohen Stahlfachwerke liegen auf den alten Gebäudeaussenwänden auf, wurden zur Gebäudesicherung während der Bauzeit sowie als definitive Statik des Garderobengeschosses eingebaut und überspannen den darunterliegenden Theatersaal. Die Struktur der Träger bildet gleichzeitig die räumliche Aufteilung der Garderoben und ermöglicht eine freie Grundrissgestaltung im Geschoss der darüberliegenden Schneiderei.

Gross: Neue Schauspielergarderoben mit Schminkplätzen.

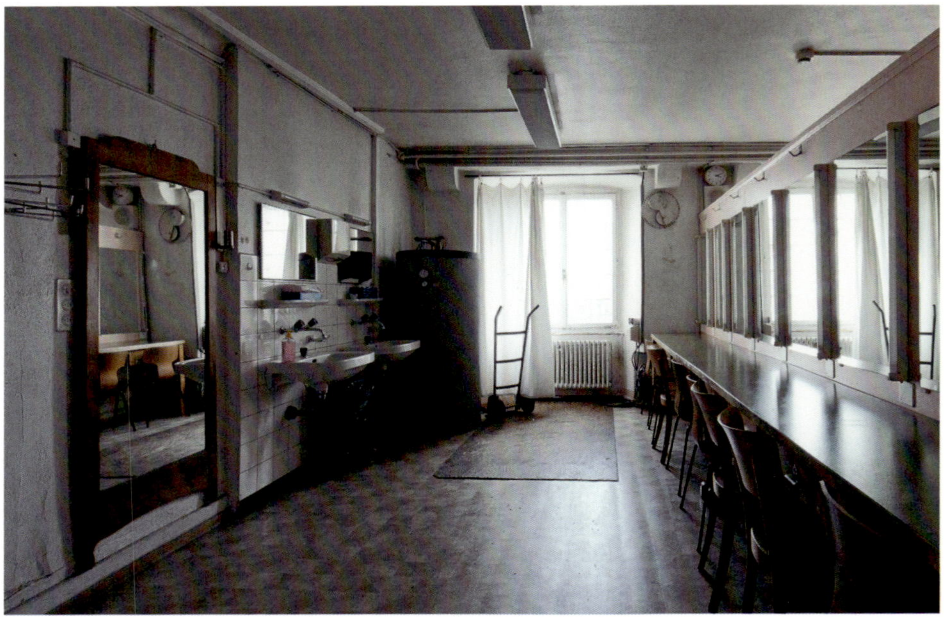
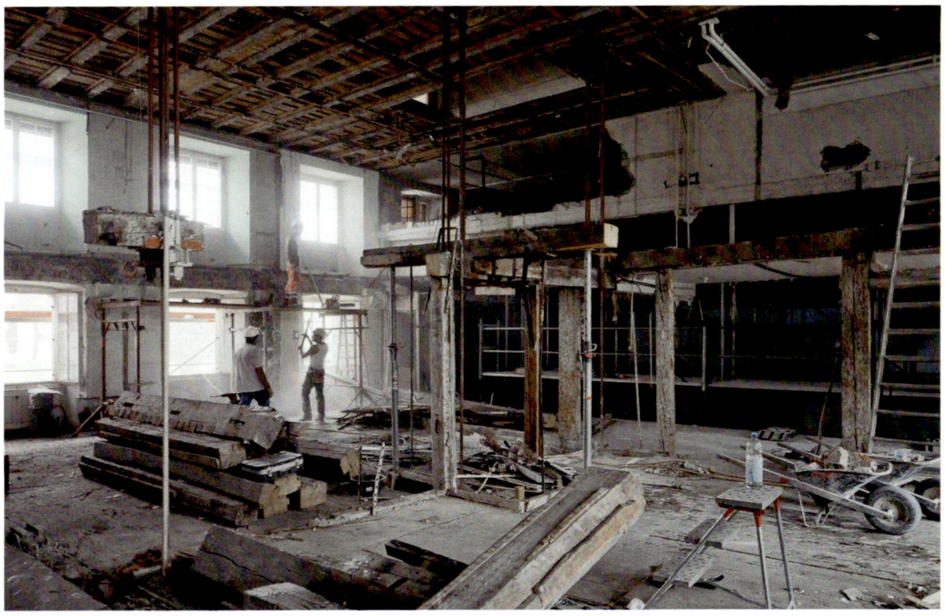
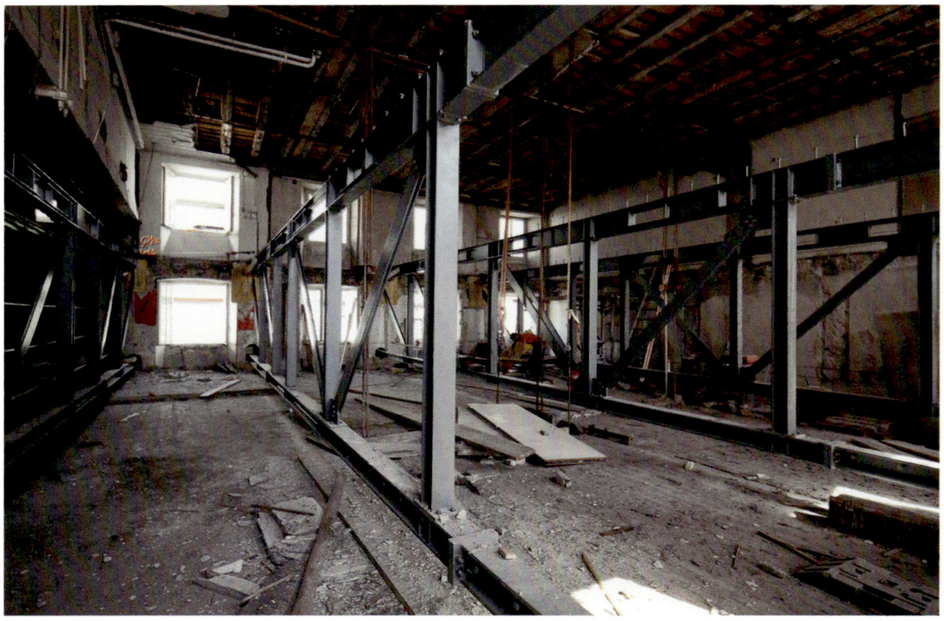

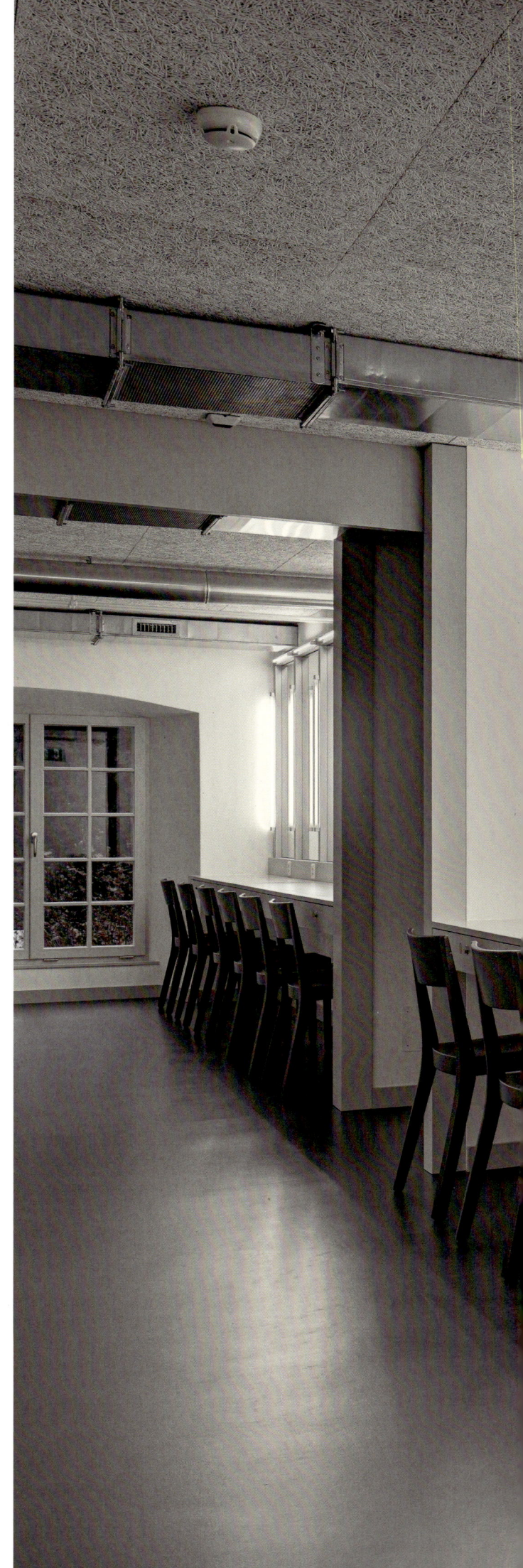

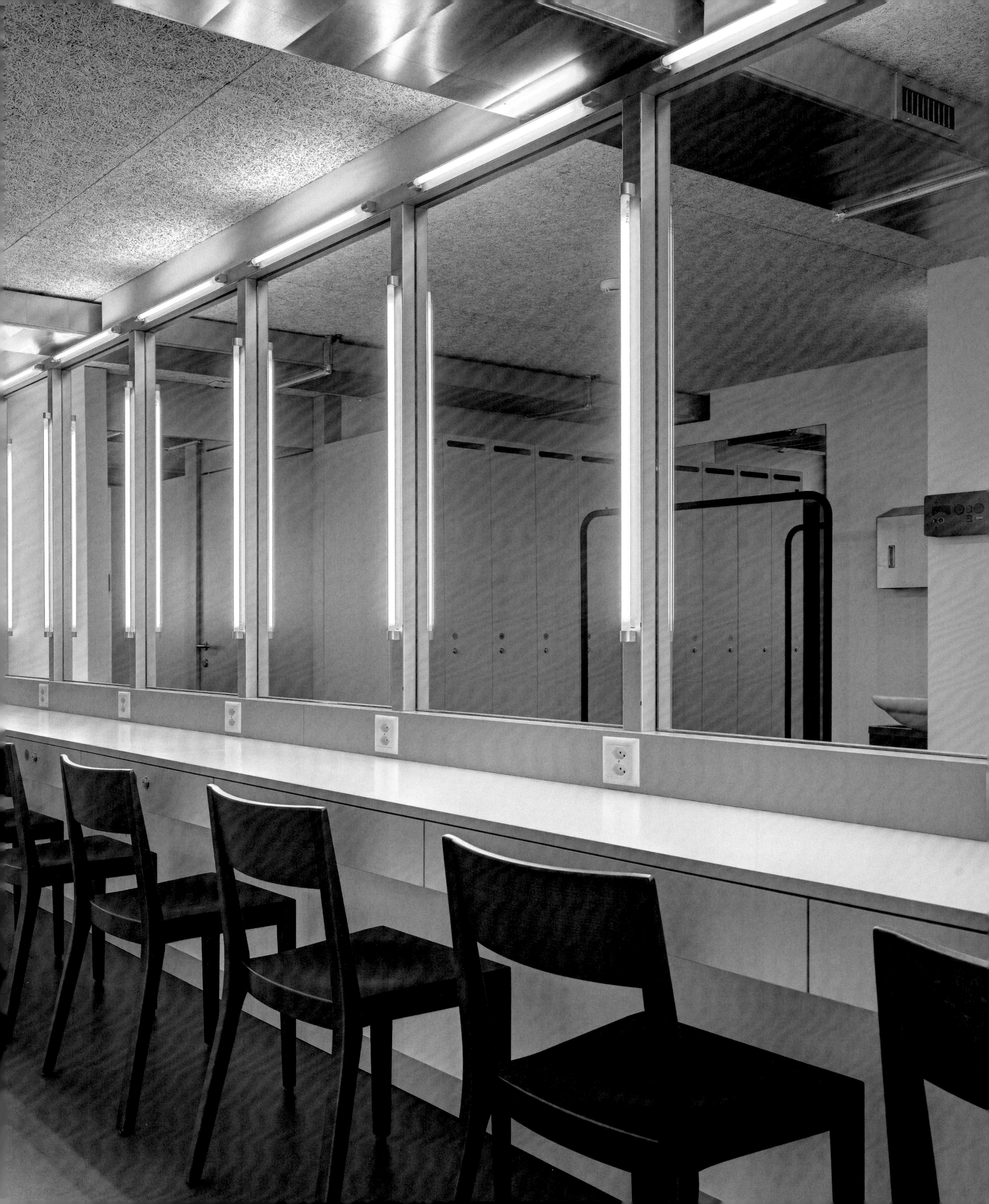

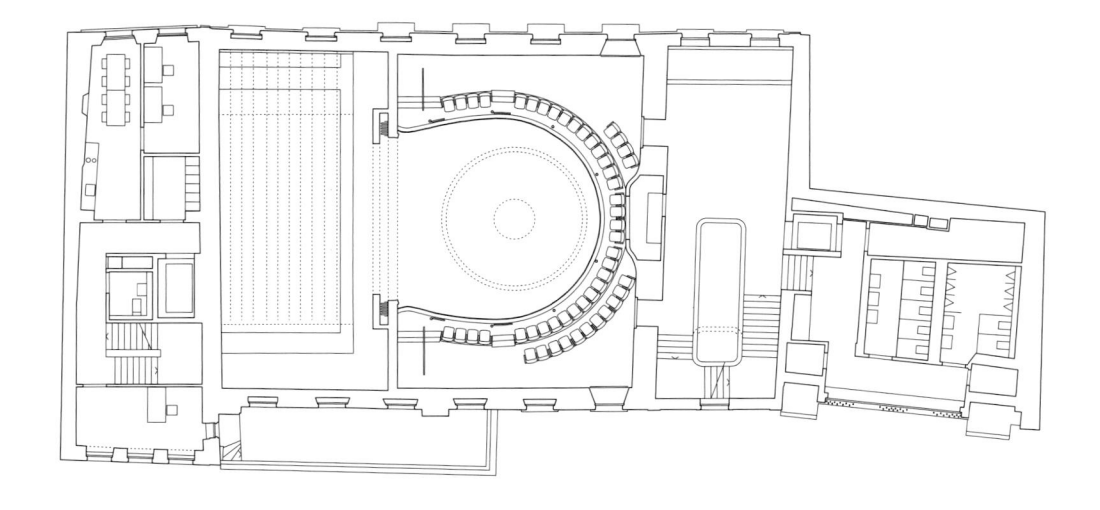

1. Obergeschoss

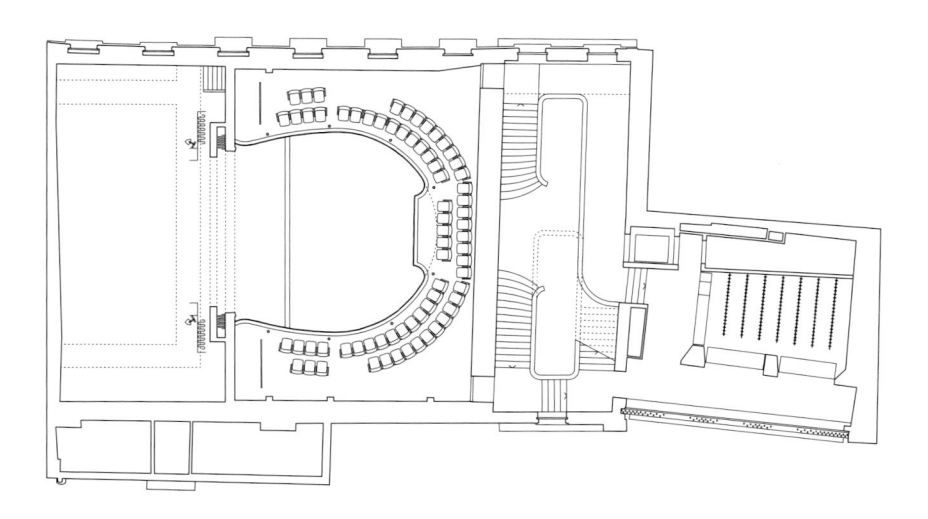

Zwischengeschoss

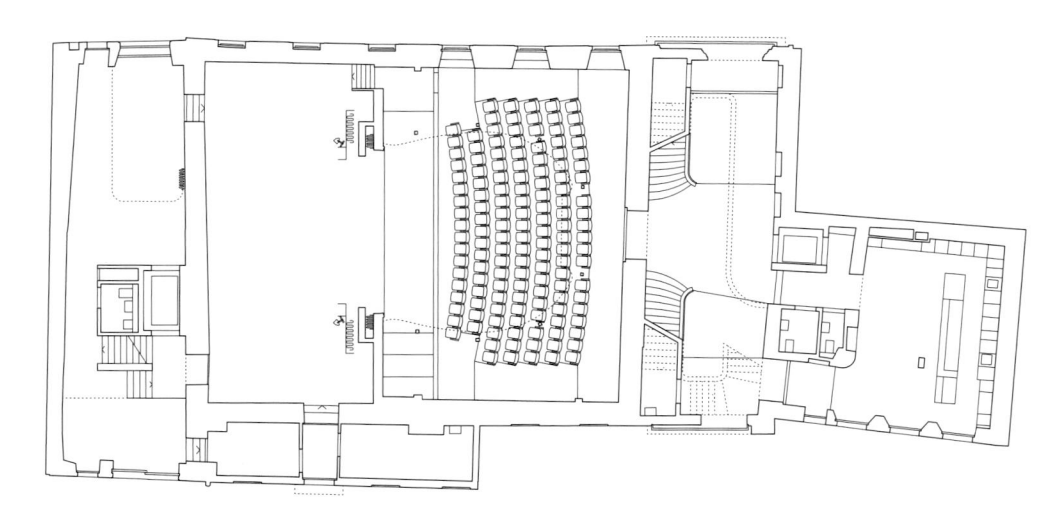

Erdgeschoss

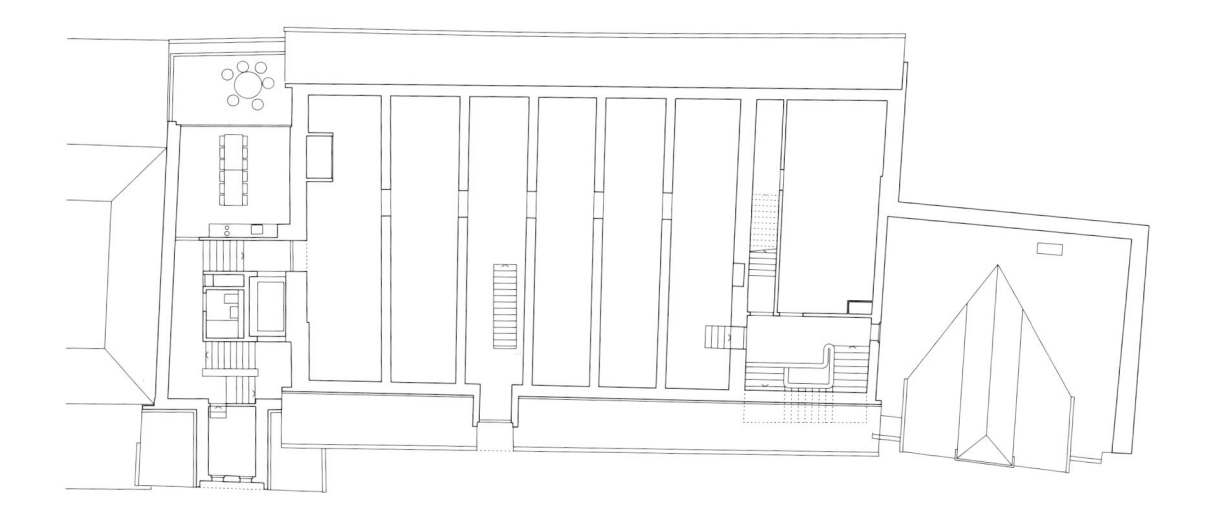

1. Dachgeschoss

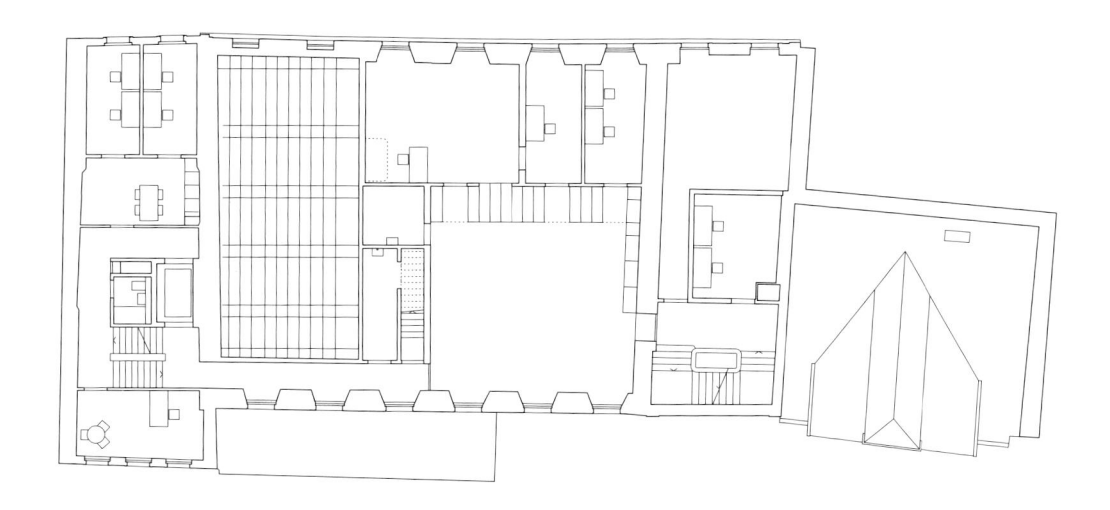

3. Obergeschoss

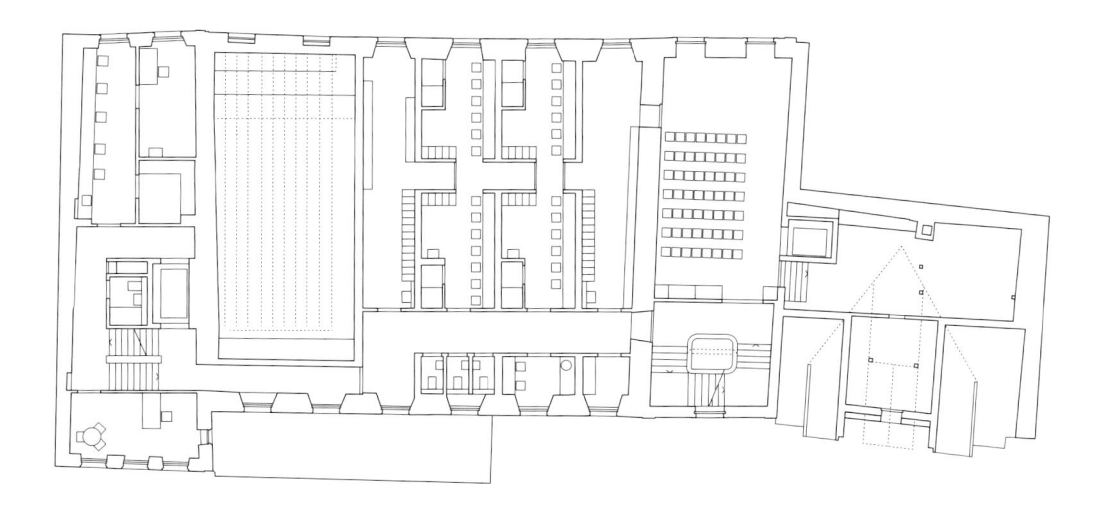

2. Obergeschoss

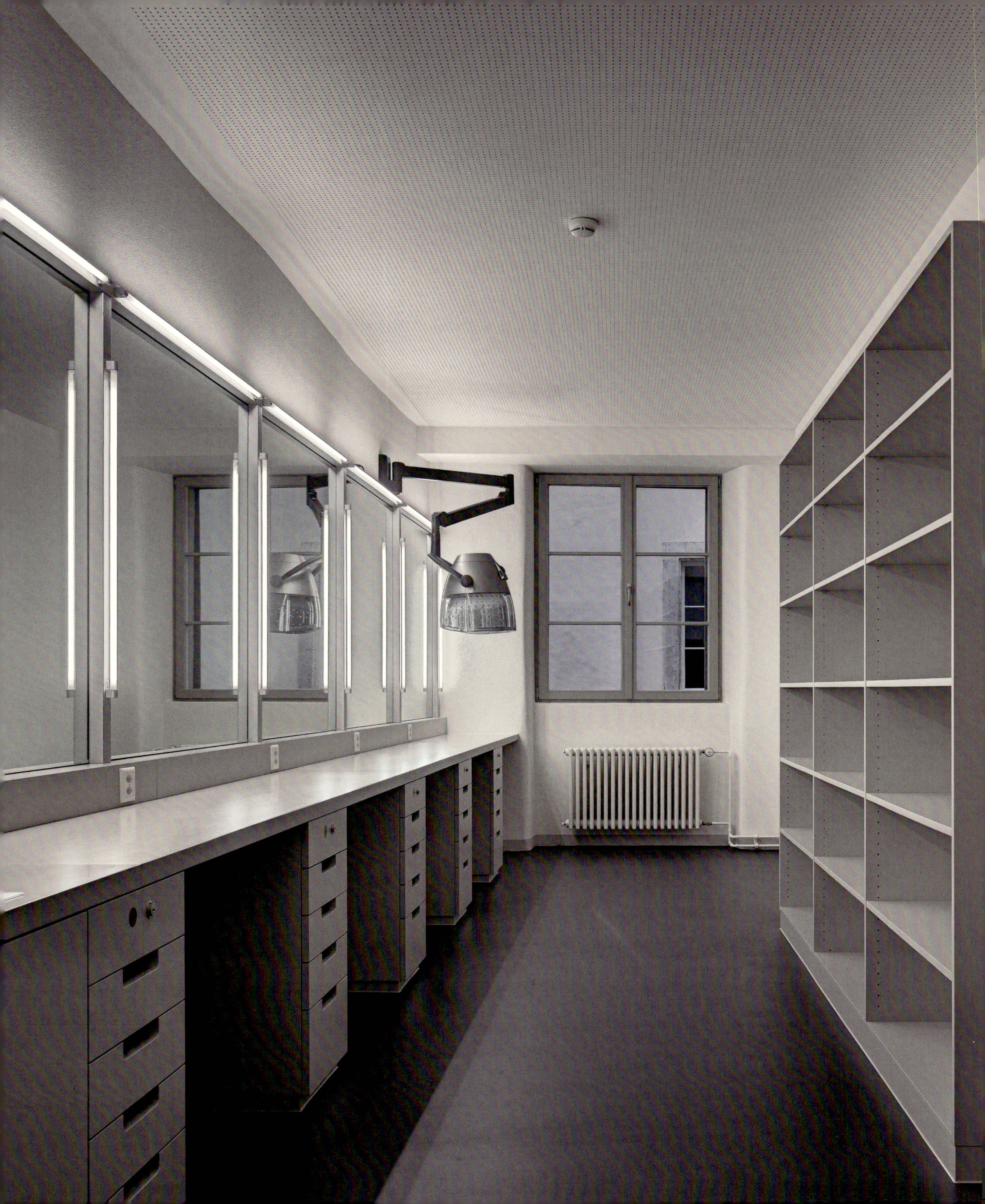

Links: Maske im Administrationsgebäude.

Oben: Studio Arici über dem Foyer.

Unten: Schneiderei, Näherei mit Stofflager
im Hintergrund.

Oben: Blick aus dem Büro auf den Garten vom
Palais Besenval und die Aare.

Unten: Büroräume im Administrationsgebäude.

Neues Treppenhaus
Administrationsgebäude
mit Illustrationen als
gestalterischem Element der
Signaletik.

Nächste Seite: Blick von der
Terrasse vor dem neuen
Sitzungszimmer über die
Altstadtdächer von Solothurn.

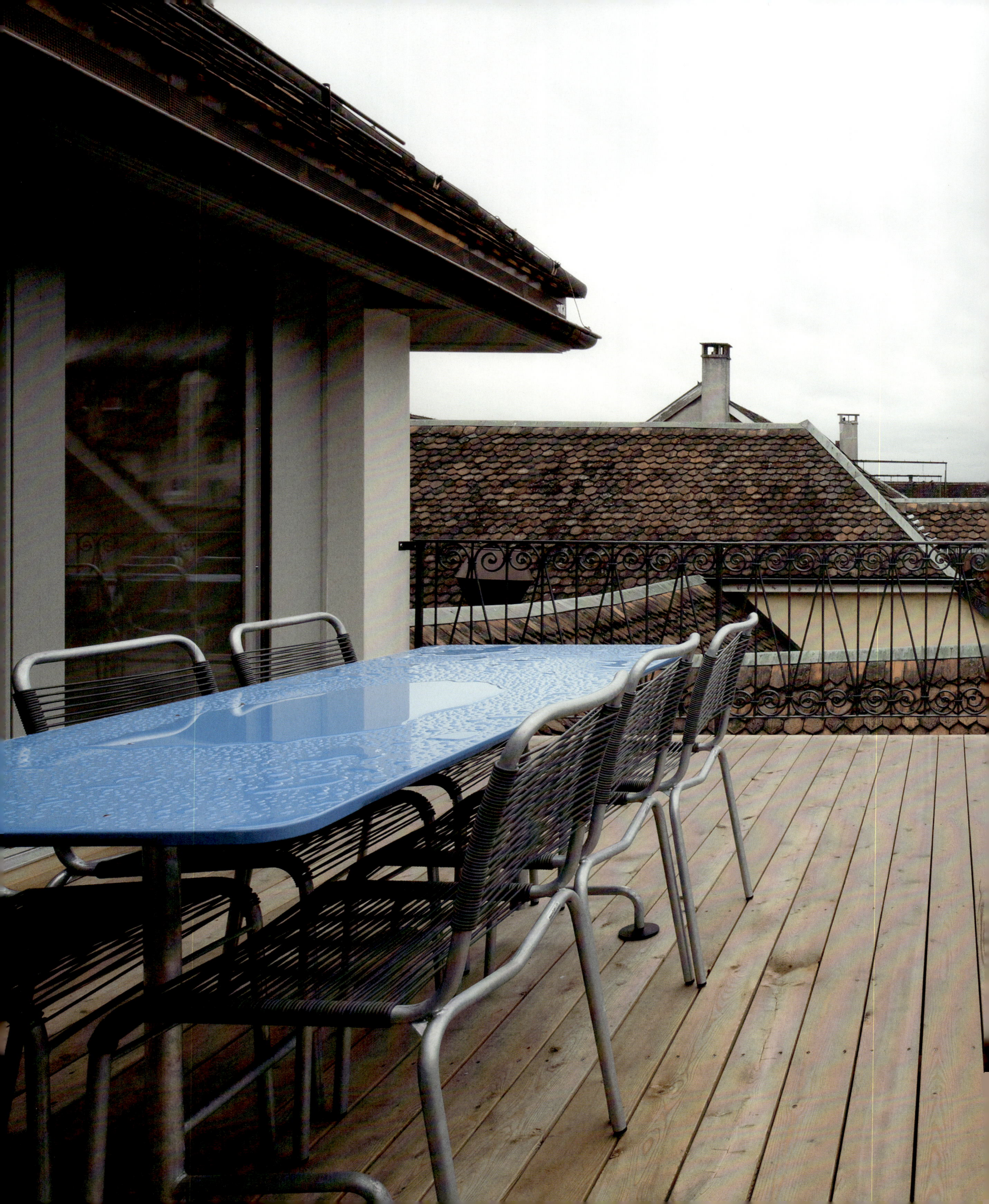

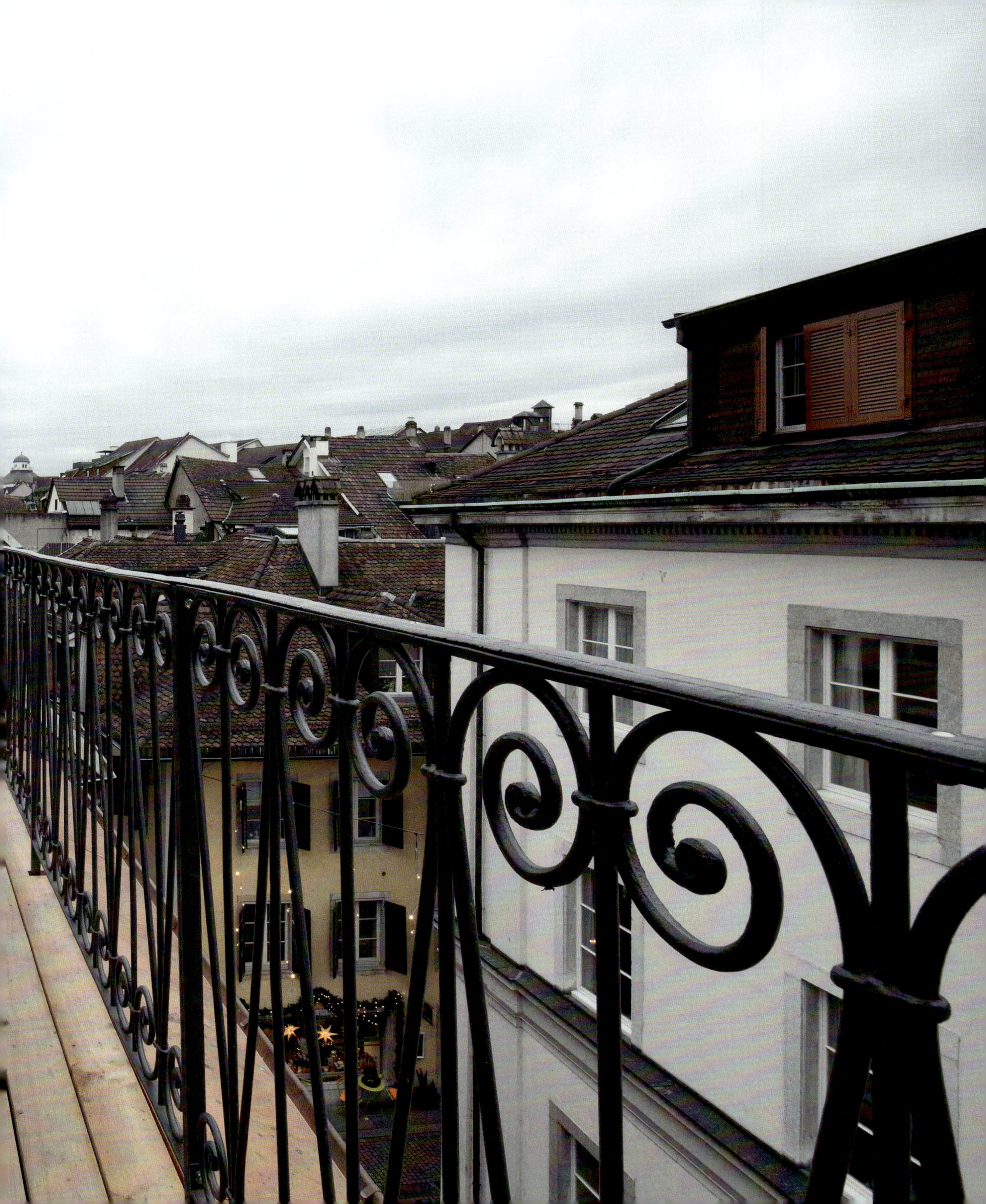

Mehr WIR gibt es nicht

Dieter Kaegi, Intendant Theater Orchester Biel Solothurn

Wir sind überwältigt, wir sind überglücklich und wir sagen Danke.

Wir, der Stiftungsrat unter seinem Stiftungsratspräsidenten Andreas Marti, wir, die Geschäftsleitung von TOBS, wir, die Mitarbeiter der Administration, der Dramaturgie, der Öffentlichkeitsarbeit, des Marketings, der Werkstätten, der Technik, wir, die Regisseure, Bühnen- und Kostümbildner, Schauspieler und Schauspielerinnen, Sänger und Sängerinnen, Tänzer und Tänzerinnen, Dirigenten, Musiker, Disponenten, Inspizienten, Assistenten, Bibliothekare, wir, die Schneiderinnen, die Schreiner, die Schlosser, die Malerinnen, die Dekorateurinnen, die Requisiteurinnen, die Maskenbildnerinnen, die Garderobieren, die Buchhalterinnen, die Damen der Kasse, die Damen und Herren des Zuschauerraumpersonals, die Mitarbeiter der Reinigung, wir alle sagen DANKE! Danke für dieses neue Theater, für eine modern eingerichtete Bühne, eine moderne Theatertechnik, für adäquate Garderoben, für helle Büroräume, eine gut eingerichtete Schneiderei und Maskenabteilung, danke für einladende Aufenthaltsräume, für die neue Regiekabine, danke für das neue Studio, für die geräumigen Foyers, für die neue Café-Bar und vor allem Danke für den traumhaft schönen Zuschauerraum!

Aber nicht nur wir vom Theater sind WIR, zu WIR gehört auch unser Publikum: WIR ist nicht nur die Mehrzahl von ICH, WIR ist viel mehr, WIR ist auch das Gegenstück zu ICH: Wir alle, die einen Theaterabend gemeinsam verbringen, wir alle gehören zu diesem WIR. Für dieses WIR und durch dieses WIR gibt es Theater, deshalb lebt das Theater, und deshalb wird es Theater immer geben: Weil nur das Theater oder der Konzertsaal uns dieses WIR so intensiv leben und spüren lässt.

Seit jeher suchen und finden sich Menschen, um zusammen etwas zu erleben, um gemeinsam zuzuhören oder zuzuschauen, um gemeinsam zu staunen, mitzufühlen und mitzuleiden, gemeinsam zu lachen und gemeinsam zu weinen, um gemeinsam dieses WIR zu erleben und zu leben. Und über das Wort, über die Musik und über die Geste finden die Menschen auf der Bühne und die Menschen im Zuschauerraum zusammen. Wenn sich die Zuschauer und Zuschauerinnen im Saal mit den Menschen und den dargestellten Figuren auf der Bühne identifizieren und mit ihnen eins werden, dann ist dieses WIR vollkommen.

«Unsere Leidenschaft, für Sie!», heisst unser Leitspruch, den wir uns auf die Fahnen geschrieben haben: Wenn unsere Leidenschaft auf der Bühne das Publikum im Saal erreicht und wenn das Publikum unsere Leidenschaft erkennt und sich ihr öffnet, dann gibt es kein «dort oben» und kein «hier unten» mehr, dann werden wir WIR, dann sind wir WIR. Mehr WIR gibt es nicht. Das ist menschlich, das ist tief und das ist rar. Das Theater kann das, die Musik kann das, die Kunst kann das. Das IST Theater, das IST Musik, das IST Kunst.

WIR alle bedanken uns, ganz herzlich, wir alle!

Wir möchten uns nun zuerst bei den Solothurnern und Solothurnerinnen bedanken. Sie erst haben durch ihre überwältigende Mehrheit bei der Volksabstimmung über den Umbaukredit diese Renovation möglich gemacht und legitimiert. Sie, die Solothurner und Solothurnerinnen haben uns während des eineinhalbjährigen Umbaus in unseren Ausweichsquartieren die Treue gehalten, sie haben während dieser ganzen Zeit regen Anteil an den Umbauarbeiten genommen, und sie haben immer und immer wieder bekundet, wie viel ihnen am Stadttheater liegt.

Wir bedanken uns beim Stadtpräsidenten Kurt Fluri und den Solothurner Politikern, die sich der besonderen Verantwortung für die Kultur und deren Institutionen dieser Stadt bewusst sind und diese unterstützen, fördern und verteidigen. Institutionen, die alle eines gemeinsam haben: Sie wollen Menschen verschiedenen Alters, unterschiedlicher Herkunft und Interessen zusammenbringen.

Wir bedanken uns beim Hochbauamt, bei Andrea Lenggenhager und bei Lukas Reichmuth. Bessere Partner hätten wir uns für dieses Projekt nicht wünschen können. In unzähligen vorbereitenden und begleitenden Gesprächen haben wir im Einvernehmen über Dinge gesprochen und waren uns, dank dem grossen Sachverstand und der immensen Erfahrung von Andrea Lenggenhager und Lukas Reichmuth, auch immer sehr schnell einig.

Eine besondere Rolle fiel, dank den sensationellen Funden der Fresken, der Denkmalpflege zu. Das pragmatische und theaternahe Denken und Handeln von Georg Carlen und Stefan Blank machte auch die Zusammenarbeit mit dieser Behörde zu einer Freude.

Die Zusammenarbeit mit dem Architektenteam phalt unter der Leitung von Cornelia Matiello kann ich ebenfalls nur rühmen. Für ihren unermüdlichen Einsatz, für die stete Bereitschaft, die liebenswürdige Betreuung und vor allem für das wunderbare Projekt und seine hervorragende Umsetzung möchte ich mich ganz herzlich bei allen Mitarbeitern von phalt Architekten bedanken.

Weiter gilt unser Dank Brigitta Berndt; in ihrem Restaurierungsatelier durfte ich viele lehrreiche Stunden verbringen und Zeuge der langwierigen und diffizilen Wiederherstellung der barocken Malereien von Felix Wirz werden.

Othmar Kaeslin sei herzlich gedankt, denn seiner Beharrlichkeit und seinem enormen Fachwissen haben wir die moderne und leistungsfähige Theatertechnik hinter diesem noch geschlossenen Vorhang zu verdanken.

Auch allen anderen Firmen, die sich während der letzten Monate für unser Theater eingesetzt haben und die bestimmt alle bis an die Grenzen ihrer Möglichkeiten gearbeitet haben, um uns dieses Theater termingerecht übergeben zu können, möchte ich herzlich danken.

Ich bedanke mich bei Johannes Friedli für die Unterstützung und die Begleitung dieses Projekts, bei Solothurn Tourismus unter der Leitung von Jürgen Hofer für seine Anteilnahme, bei der Presse in Solothurn und der Region, die dieses Projekt von Anfang an mit steter und wohlwollender Berichterstattung unterstützt haben, bei den Freunden des Stadttheaters unter der Leitung von Markus Jenal und Madeleine Elmer, die durch gezielte Aktionen immer wieder auf unser Theater aufmerksam gemacht haben und sehr viel Geld für unsere Eröffnungsproduktion «King Arthur» gesammelt haben, bei unseren grosszügigen Sponsoren und Gönnern und zum Schluss es sei hier noch einmal erwähnt, bei all unseren theaterbegeisterten Solothurnern und Solothurnerinnen.

Ihnen allen unseren aufrichtigen Dank!

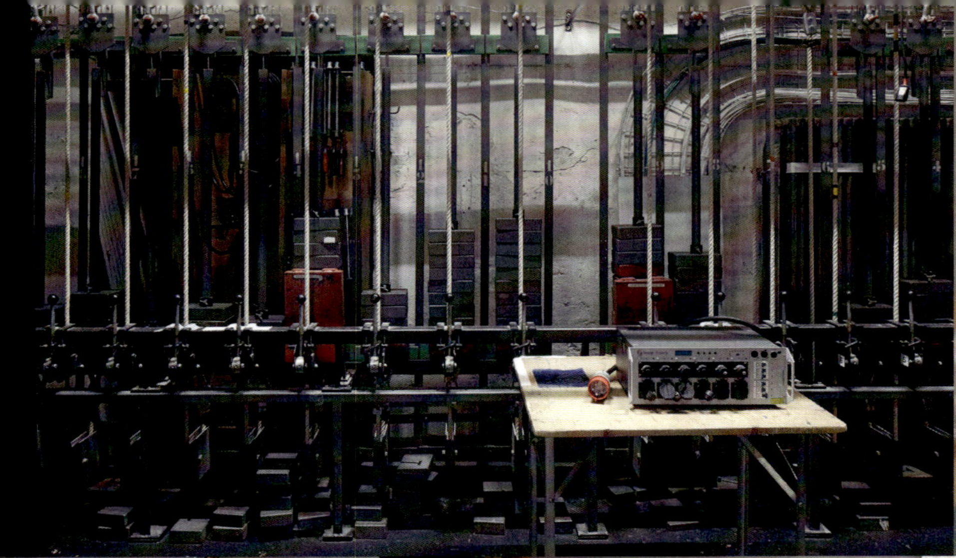
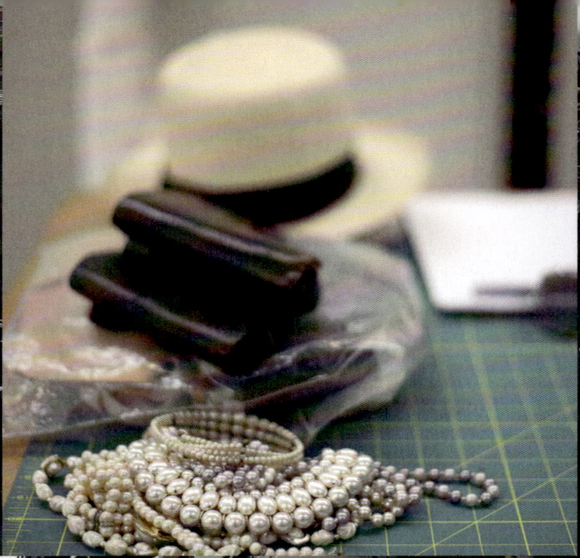
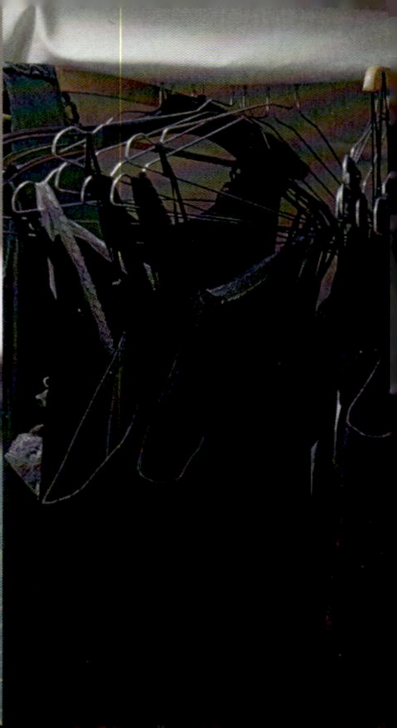
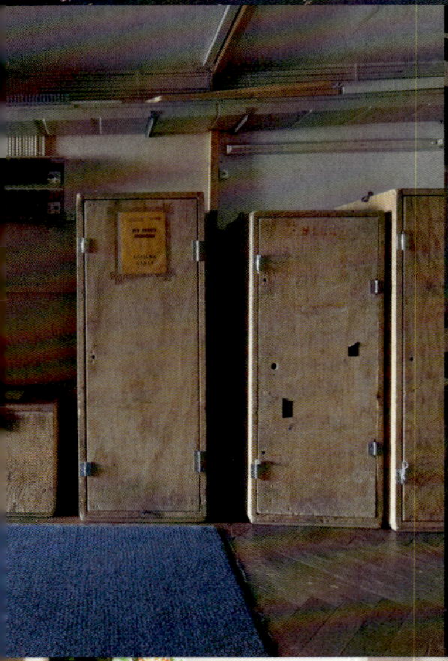
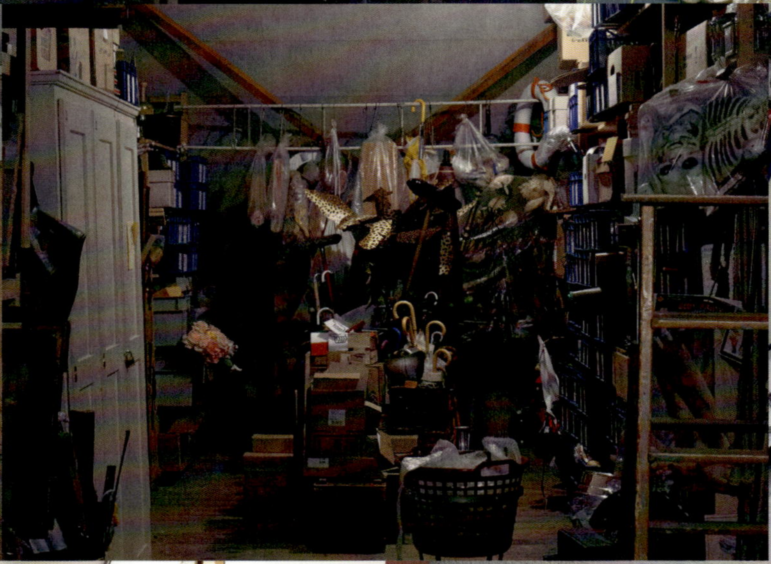
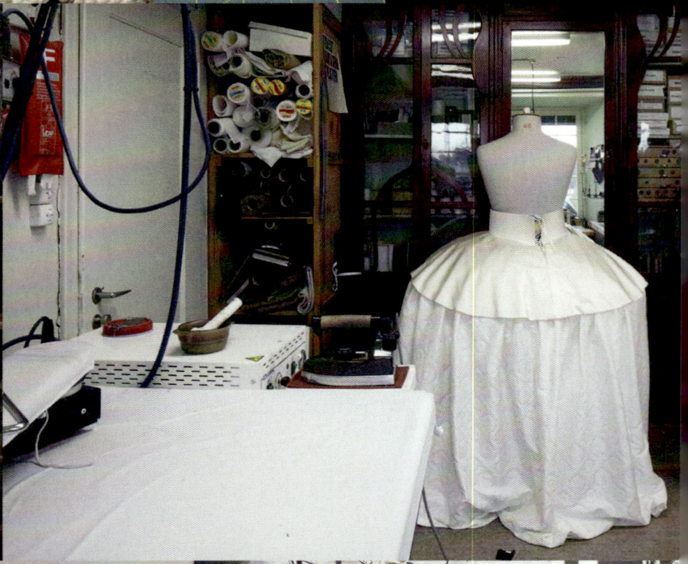
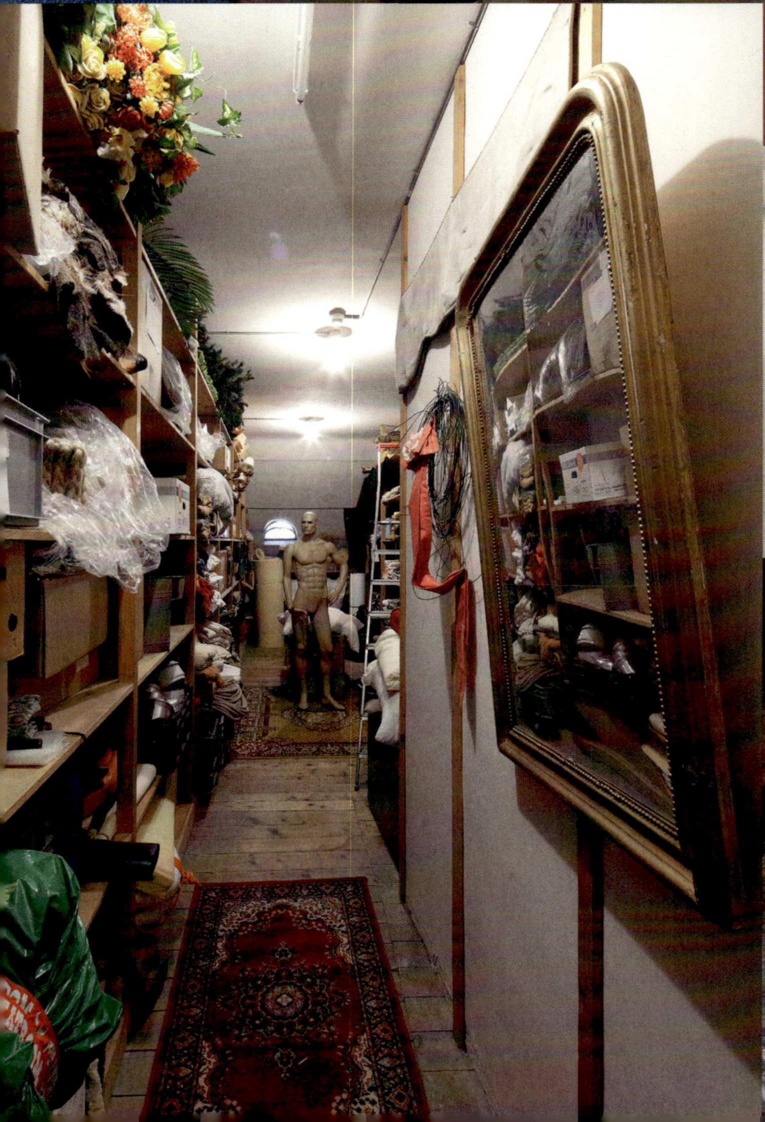
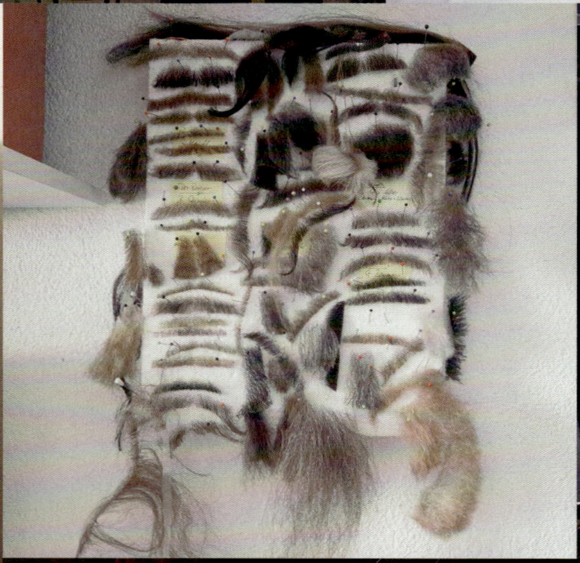
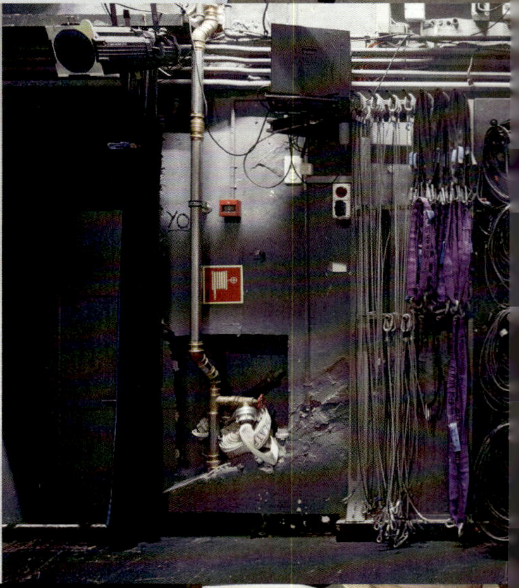
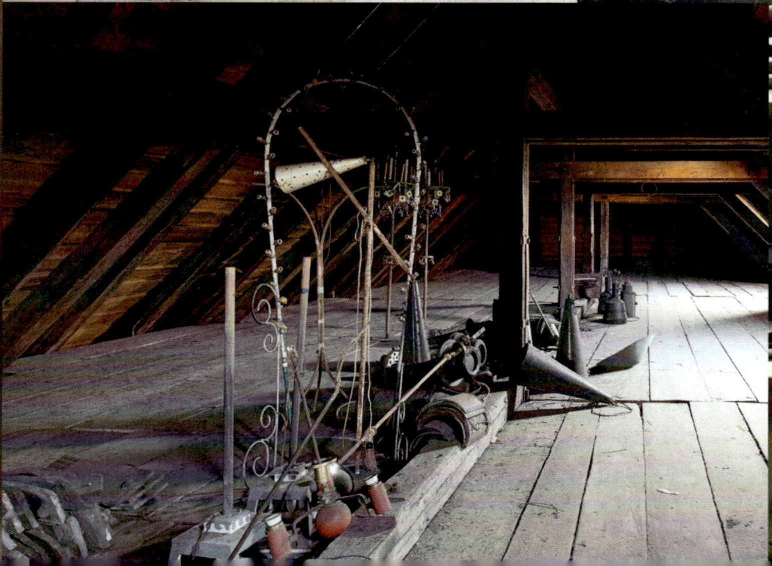

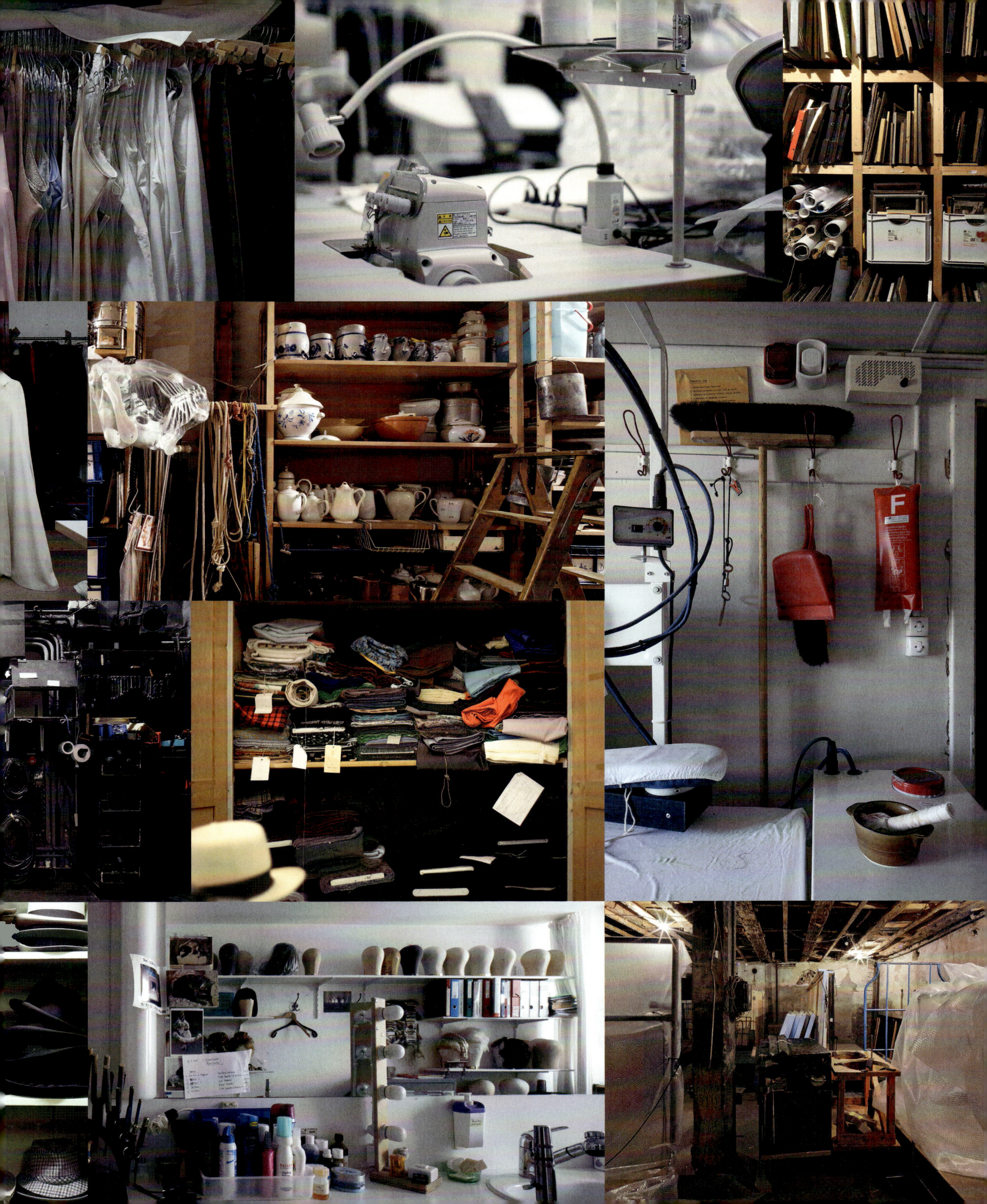
F

Die Herausgeber und Architekten

phalt Architekten AG

Gegründet 2006 in Zürich; gewinnt 2009 als Nachwuchsteam den Wettbewerb für die Gesamtsanierung des Stadttheaters in Solothurn. Die intensive Auseinandersetzung mit dem Ort und der Aufgabenstellung kennzeichnet die Arbeit von Cornelia Mattiello-Schwaller, Frank Schneider und Mike Mattiello. Das Büro zählt heute 16 Mitarbeiter und realisiert Bauten in der ganzen Schweiz. Aktuelle Projekte in Bearbeitung sind unter anderem die Sanierung der Kunsteisbahn Margarethen in Basel, der Neubau Kinder- und Jugendpsychiatrie in Liestal, die Sanierung und die Erweiterung Tobelhof in Zürich, der Neubau und die Erweiterung Schwimmbad Bünzmatt/Eisbahn in Wohlen, der Neubau Wohnüberbauung Obermaihof in Luzern, Mehrfamilienhäuser in der Region Zürich und Solothurn.

Realisierte Bauten

Metallwerkstatt Dynamo in Zürich (2008), Umbau Restaurant Chuchi am Wasser in Zürich (2008), Gemeindehaus in Regensdorf (2011), Mehrfamilienhaus in Lohn-Ammannsegg (2011), Wohnüberbauung Ettenfeld in Zürich (2012), Einfamilienhaus in Lohn-Ammannsegg (2012) Primarschulhaus in Vitznau (2013), Wohnüberbauung Hofstatt in Zuchwil (2014), Wohnüberbauung Sandfelsen in Erlenbach (2014), diverse kleinere Umbauten im Raum Solothurn und Zürich.

Auszeichnungen

Prix Acier – Schweizerischer Stahlbaupreis (Metallwerkstatt Dynamo), Swiss Art Award – Eidgenössischer Kunstpreis Art Basel 2009, Bauweltpreis Messe München International (Metallwerkstatt Dynamo).

Mitarbeiterinnen und Mitarbeiter am Umbau Stadttheater Solothurn

Cornelia Mattiello-Schwaller (Projektsteuerung), Frank Schneider, Mike Mattiello, Cornelia Kaderli (Projektleitung), Nathalie Bachmann, Susanne Buechi, Janine Erzinger, Denise Fenger, Matthias Fiedler, Samantha Fischer, Susanne Frank, Matthias Heberle, Rogier Hustinx, Matthias Knuser, Patrik Marti, Miroslav Maly, Radoslava Palukova, Martin Rohland, Karin Rothenhöfer, Martina Roser, Guido Setzepfand, Joost van Gorkom, Anne-Sophie Weissuhn, Daniel Ziolek.

Cornelia Mattiello-Schwaller

*1975 in Solothurn, dipl. Architektin ETH SIA und Partnerin bei phalt Architekten; ab 1995 Architekturstudium an der ETH Lausanne, 1998/99 Auslandspraktikum bei Sergison Bates Architects in London, 2002 Diplom an der ETH Lausanne, anschliessend Mitarbeit bei EM2N Architekten in Zürich, 2005 Assistentin an der ETH Lausanne, 2006 Bürogründung phalt Architekten gemeinsam mit Mike Mattiello und Frank Schneider in Zürich, 2009 Eidgenössischer Kunstpreis, Mutter von zwei Kindern, wohnhaft in Solothurn.

Frank Schneider

*1976 in Solothurn, dipl. Architekt ETH und Partner bei phalt Architekten; ab 1996 Architekturstudium an der ETH Lausanne und Univérsite de Montréal, Praktika bei Gigon Guyer Architekten in Zürich und Herzog & de Meuron in Basel, 2003 Diplom an der ETH Lausanne, anschliessend Mitarbeit bei EM2N Architekten in Zürich, 2006 Bürogründung phalt Architekten gemeinsam mit Cornelia und Mike Mattiello, 2009 Eidgenössischer Kunstpreis, Vater von drei Kindern, wohnhaft in Zürich.

Mike Mattiello

*1971 in Solothurn, dipl. Architekt FH und Partner bei phalt Architekten; Hochbauzeichner, ab 1993 Architekturstudium an der FH Burgdorf, 1996 Diplom an der FH Burgdorf und bis 1997 Assistent, anschliessend Mitarbeit in den Architekturbüros Steinmann + Schmid in Basel, Stücheli Architekten, Interbrand Zintzmeyer & Lux und W3 Architekten in Zürich, 2006 Bürogründung phalt Architekten in Zürich mit Cornelia Mattiello-Schwaller und Frank Schneider, 2009 Eidgenössischer Kunstpreis, Vater von zwei Kindern, wohnhaft in Solothurn.

Die Fotografen

Johannes Iff, *1977, Architekt FH und Fotograf; Architekturstudium an der FHNW in Windisch bis 2002, anschliessend Mitarbeit in verschiedenen Architekturbüros, seit 2008 selbständig als Architekt und Fotograf in Solothurn.

Roger Frei, *1971, Architekt ETH und Architekturfotograf; Architekturstudium an der ETH Zürich bis 1998, anschliessend Mitarbeit in verschiedenen Architekturbüros, seit 2006 selbständige Arbeit als Architekturfotograf, 2009–2012 Dozent für Architekturfotografie an der FHNW Muttenz, seit 2005 regelmässige Ausstellungen der Fotoarbeiten.

Bernd Druffel, *1972, Architekt FH, Ausbildung als Hochbauzeichner, Architekturstudium an der FH Augsburg bis 2002, anschliessend Mitarbeit bei EM2N, seit 2006 Associate bei EM2N.

Die Autoren

Peter Bichsel, *1935, Schriftsteller und Publizist; schreibt überwiegend Kurzgeschichten und Kolumnen, avancierte 1964 mit dem Sammelband «Eigentlich möchte Frau Blum den Milchmann kennenlernen» zu einem der wichtigsten Vertreter der deutschsprachigen Kurzgeschichte, seither sind zahlreiche Kurzgeschichten und Kolumnen erschienen, 1968 schrieb er für die «Weltwoche», später dann für die «Schweizer Illustrierte», für sein literarisches Werk ist Peter Bichsel mit dem Preis der Schweizerischen Schillerstiftung, dem Gottfried-Keller-Preis, dem deutschen Jugendbuchpreis und vielen mehr ausgezeichnet worden.

Kurt Fluri, *1955, Stadtpräsident von Solothurn und Nationalrat; nach der Matura Studium der Rechtswissenschaften an den Universitäten Bern und Basel, Abschluss als lic. iur. 1981 sowie als Rechtsanwalt und Notar 1984, anschliessend 9 Jahre eigenes Anwaltsbüro in Solothurn, 1985 Wahl in den Gemeinderat von Solothurn, 1989 Wahl in das Kantonsparlament, 1993 Wahl als Stadtpräsident, seit 2003 im Nationalrat (FDP).

Urs Bertschinger, *1955, Bauforscher Kantonale Denkmalpflege; Hochbauzeichner, Bauforscher und Zeichner bei der kantonalen Denkmalpflege Bern, mehrere Jahre Mitarbeit in Restaurierungsateliers, mit einem Partner eigenes Restaurierungsatelier in Freiburg, anschliessend 23 Jahre lang eigenes Büro für Bauforschung in Biel, seit 2008 Bauforscher und Denkmalpfleger bei der kantonalen Denkmalpflege Solothurn.

Stefan Blank, *1967, Leiter Kantonale Denkmalpflege; Studium der Architektur- und Kunstgeschichte in Bern, Lizentiatsarbeit über den Barockgarten des Schlosses Steinbrugg in Solothurn, seit 1997 in wechselnden Funktionen bei der kantonalen Denkmalpflege. Zu seinen Hauptaufgaben gehörte unter anderem die Revision des kantonalen Denkmalschutzverzeichnisses, in den Jahren 2002 bis 2006 verfasste er zusammen mit Markus Hochstrasser den Kunstdenkmälerband über die Profanbauten der Stadt Solothurn, seit 2009 Leiter des Amtes Denkmalpflege und Archäologie Kanton Solothurn.

Caspar Schärer, *1973, Architekt ETH/SIA und Journalist; schreibt über Architektur, Städtebau und verwandte Disziplinen, seit 2008 Redaktor der Architekturzeitschrift «werk, bauen + wohnen», verschiedene Publikationen und Buchbeiträge im In- und Ausland; Lehrtätigkeit seit 2010, unter anderem an der Hochschule Luzern HSLU und der Zürcher Hochschule für Angewandte Wissenschaften ZHAW, seit 2013 Leiter des Seminars Architekturkritik an der ETH Zürich.

Andrea Lenggenhager, *1967, seit 2009 Leiterin Stadtbauamt Solothurn. Dipl. Architektin HTL, umfassende Zusatz- und Weiterbildungen, unter anderem 1999 in Wirtschaftsingenieurwesen und Unternehmensführung FH, 2009 Master of Advanced Studies in Human Systems Engineering. 2001 bis 2009 Leitung der Architekturabteilung der SBB. Erfahrung im Management komplexer Grossbauprojekte der Privatindustrie und der öffentlichen Hand. Langjährige Führungs- und Projektleitungserfahrung in der Schweiz, Afrika und USA.

Dieter Kaegi, *1957, Intendant, Direktor Theater Orchester Biel Solothurn TOBS; Studium der Musikwissenschaft in Zürich und London, Beginn der Theaterlaufbahn als Regieassistent am Opernhaus Zürich, weitere Stationen an der Deutschen Oper am Rhein in Düsseldorf, der Opéra de Monte-Carlo, den Salzburger Festspielen und am Festival in Aix-en-Provence, anschliessend 12 Jahre Direktor der Opera Ireland in Dublin, heute Generaldirektor von TOBS. Dieter Kaegi hat über 100 Inszenierungen als Regisseur an den bedeutendsten Opernhäusern und Festivals in Europa, Amerika und Asien erarbeitet.

Die Sponsoren

Unser besonderer Dank gilt den Unternehmen und Insitutionen, deren finanzielle Unterstützung wesentlich zum Entstehen dieser Buchpublikation beigetragen und die dauerhafte Dokumentation des Umbauprozesses ermöglicht hat.

STADTSOLOTHURN

---

jaegerbaumanagement.ch

D|S DÄSTER SCHILD STIFTUNG

HHM ELEKTRO ENGINEERING

MENZ vom fach. von menz.ch

Meierhans & Partner AG, Schwerzenbach
Brogni Hans AG, Nidau
ag möbelfabrik horgenglarus, Glarus
BAKUS Bauphysik & Akustik GmbH, Zürich
Ingenieurbüro Bösch AG, Unterengstringen
Mobilia Solothurn AG
Peter Portmann Metallhandwerk GmbH, Oekingen
Schreinerarbeiten Spezialakustik bbf Weber, Fehraltorf
TULUX AG, Tuggen
Schreinerei Sollberger AG, Biberist

Dank

Wir bedanken uns herzlich bei allen am Projekt beteiligten Personen, Institutionen und Firmen. Die gute und angenehme Zusammenarbeit mit dem Auftraggeber, vertreten durch das Stadtbauamt Solothurn, und dem Nutzer, dem Theater Orchester Biel Solothurn, sowie das grosse Engagement des Planungsteams und der Unternehmer ermöglichte dieses ausgezeichnete Resultat, das sich mit dem vorliegenden Buch präsentiert.

Unser besonderer Dank gilt den Autoren und Fotografen, den Grafikern und dem Verlag, welche alle massgeblich am Buch mitgewirkt haben.

Auch der Bevölkerung der Stadt Solothurn möchten wir unseren Dank aussprechen. Vorab für ihren kulturpolitisch aussagekräftigen, wegweisenden Grundsatzentscheid, der uns immer besondere Motivation war, sowie für das wache Interesse am Projekt und die grosse Toleranz den Bauarbeiten gegenüber. Wenn Ihr Euch am neuen Theater erfreuen könnt, ist unser Ziel erreicht!

ABC Elektrotechnik AG, Belp; Adam Schreinerei AG, Oberdorf; AGI Solothurn AG für Isolierungen, Zuchwil; ALMAT AG, Tagelswangen; Amt für Denkmalpflege und Archäologie, Solothurn; Archiluce GmbH, Zürich; Architektur Praxis, Hessigkofen; ARGE Berndt/Wälti Restauration, Solothurn; AS Aufzüge AG, Schönbühl; Atelier Bundi AG, Boll; Atelier Zweilicht, Rapperswil; Bader Holzbau AG, Aedermannsdorf; BAKUS Bauphysik & Akustik GmbH, Zürich; Bautro AG, Solothurn; Bertschinger Urs, Bauforscher Kantonale Denkmalpflege, Solothurn; Blank Stefan, Kantonaler Denkmalpfleger, Solothurn; Bichsel Peter, Schriftsteller, Bellach; Branger-Frigerio & Co, Solothurn; Bringolf Irion Vögeli GmbH, visuelle Gestaltung, Zürich; Brogni Hans AG, Nidau; Bühnenbau Schnakenberg GmbH & Co., Wuppertal DE; B+T Bild+Ton AG, Ebikon; Büro Schoch Werkhaus AG, Winterthur; Contrafeu AG, Zollikofen; CoSimo floorline AG, Dietikon; Devaud und Marti AG, Bellach; DOBI-INTER AG, Suhr; Dörflinger & Partner AG, Herzogenbuchsee; Druffel Bernd, Architekt und Fotograf, Zürich; Eberhard Bühnen AG, Ebnat-Kappel; Egli AG, Gips- und Fassadensysteme, Biel; Emch & Berger AG, Solothurn; Erne AG, Bauunternehmung, Rheinfelden; Estermann Gipserunternehmen AG, Zofingen; Fokusform GmbH, Zürich; Frei Roger, Architekt und Fotograf, Zürich; Grafitec AG, Glattbrugg; Gurtner AG, Solothurn; Hefti. Hess. Martignoni AG, Solothurn; Honegger AG, Langendorf; hübschergestaltet GmbH, Basel; Ingenieurbüro Bösch AG, Unterengstringen; Jaeger Baumanagement AG, Zürich; Johannes Iff, Fotograf, Solothurn; Julia Marti, Grafikerin, Zürich; Kaegi Dieter, Intendant Theater Orchester Biel Solothurn, Biel; Kera-Line AG, Solothurn; Kilchenmann AG, Kehrsatz; Kurth Glas + Spiegel AG, Zuchwil; Lenggenhager Andrea, Leiterin Stadtbauamt, Solothurn; Lerch Einrichten & Wohnen, Derendingen; L & G Inventron AG, Kägiswil; Mauchle Metallbau AG, Sursee; Meierhans & Partner AG, Schwerzenbach; Meier Schreinerei und Innenausbau GmbH, Subingen; Menz AG, Dipl. Malermeister, Luterbach; menzi ebz ag, Horgen; Alfred Feige GmbH, Oberbolhingen DE; ag möbelfabrik horgenglarus, Glarus; Mobilia Solothurn AG, Solothurn; Modular Lightning Switzerland AG, Zürich; Peter Portmann, Metallhandwerk GmbH, Oekingen; Neon Technik AG, Zürich; Neue Werkstatt GmbH, Winterthur; phalt Architekten AG, Zürich; Poltrona Frau S.p.A., Tolentino I; Qualicut AG, Uster; Regio Energie, Solothurn; René Schweizer AG, Basel; RoomDesign GmbH, Däniken; Roth Gerüste AG, Biberist; Rudolf Senn AG, Riehen; RWD Schlatter AG, Dietikon; Saudan AG, Solothurn; Schärer Caspar, Architekt und Journalist, Zürich; Schnetzer Puskas Ingenieure AG, Zürich; Schreinerei Sollberger AG, Biberist; Schreinerarbeiten Spezialakustik bbf Weber, Fehraltorf; Securitas AG, Olten; SE Lightmanagement AG, Spreitenbach; SFS unimarket AG, Bern; Siegenthaler Metallbau AG, Biberist; Siemens Schweiz AG, Ostermundigen; SoliTec AG, Zofingen; Späti Holzbau AG, Bellach; Speckert + Klein Beschriftungen AG, Volketswil; Stadelmann Malerei AG, Biel; Stadt Solothurn, vertreten durch das Stadtbauamt; Steinit AG, Zürich; Stofer AG, Bellach; Strasser AG, Thun; Strickler Reklame AG, Zürich; Szeno Engineering GmbH, Stans; teo jakob AG, Solothurn; Texolit AG, Buchs; TOBS Theater Orchester Biel Solothurn; Toggenburger + Co AG, Bern; TULUX AG, Tuggen; UP AG, Bern, Worb; Vassalli Service AG, Zürich; Viktor Wyss AG, Flumenthal; Wikisa AG, Koppigen.

Bildnachweis

Johannes Iff
Seite 6/7, 10/11, 24, 27, 28, 30, 34 rechts, 35, 36 rechts, 37, 38/39, 40, 42, 43, 45, 46/47, 48, 49, 51 oben und unten links, 58/59, 60/61, 64/65, 67 unten, 68/69, 74, 76, 81 unten, 82 oben, 83, 84/85, 88/89

Roger Frei
Seite 20, 51 unten rechts, 52, 77, 80, 81 oben, 82 unten

Bernd Druffel
Seite 53, 54/55, 56, 67 oben, 70, 71, 73

phalt Architekten AG
Titel, Seite 66, 72

Julien Vonier
Seite 90

Kantonale Denkmalpflege Solothurn
Seite 14, 17 oben, 18, 34 links, 36 links

Zentralbibliothek Solothurn
Seite 17 unten

Impressum

Bibliografische Information
der Deutschen National-
bibliothek: www.d-nb.de.

© phalt Architekten AG,
Zürich, www.phalt.ch, 2015

Verlag:
Stämpfli Verlag AG, Bern,
www.staempfliverlag.com

Herausgeber/Redaktion:
phalt Architekten AG,
Binzstrasse 39, 8045 Zürich,
www.phalt.ch

Gestaltung:
Atelier Bundi AG, Boll,
www.atelierbundi.ch

Korrektorat:
Benita Schnidrig,
Stämpfli Verlag AG

Druck:
Stämpfli AG, Bern,
www.staempfli.com

Auflage:
1500 Exemplare

ISBN 978-3-7272-1446-2

Printed in Switzerland